Dieses Arbeitsbuch gehört

_____

OVERCOMING
HALT FINDEN IN UNSICHEREN ZEITEN
DAS INSPIRIERENDE ARBEITSBUCH

MICHELLE OBAMA

GOLDMANN

Die
KRAFT
des Kleinen

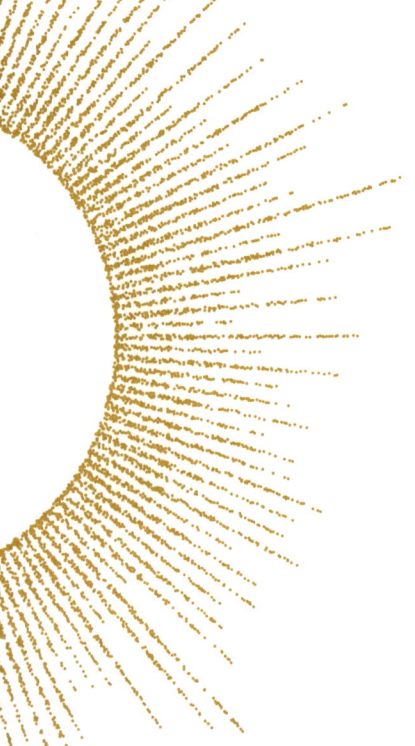

WENN DU DIESES Arbeitsbuch in Händen hältst, sind wir uns wahrscheinlich ähnlich. Wie ich bist du ehrgeizig und willst immer das Beste für dich und andere, jeden Tag. Vielleicht nimmst du jedes Problem sehr ernst. Vielleicht hast du Großes in deinem Leben vor, hast mutige Pläne und willst keine einzige Sekunde deiner Zeit verschwenden. Aber vielleicht bist du, wie ich, auch sehr streng mit dir selbst. Vielleicht überfordert und erschöpft dich das ständige Arbeiten manchmal. Ich verstehe dich gut.

Wenn du etwas bewirken und die Welt verändern willst, wird sich deine psychische Gesundheit manchmal querstellen. Und das *soll* sie ja auch. Gesundheit beruht auf einem inneren Gleichgewicht. Und das innere Gleichgewicht beruht auf Gesundheit. Es ist wichtig, dass wir uns sorgfältig und manchmal wachsam um unsere psychische Gesundheit kümmern. Dein Geist arbeitet unermüdlich daran, dich aufrechtzuerhalten, während du deine Leidenschaften, Ziele und großen Träume, sowie deine Verletzlichkeiten, Grenzen und Ängste erforschst. Manchmal wird sie auf die Bremse drücken und versuchen, die Geschwindigkeit ein wenig zu drosseln. Manchmal, wenn es kritisch wird, wird sie dir Stresssignale senden: Wenn etwa alles zu schnell geht, du deine Energien erschöpfst oder wenn deine Gedanken in Unordnung geraten und du schlechte Gewohnheiten entwickelst. Achte darauf, wie du dich fühlst. Achte auf die Signale deines Körpers und deines Geistes. Und scheue dich bei Problemen nicht, Hilfe in Anspruch zu nehmen. Viele von uns suchen bei psychischen Problemen professionelle Unterstützung auf. Sie sprechen mit Therapeutinnen oder Schulberatern, rufen bei Hilfetelefonen an oder wenden sich an ihre Ärztin. Denk daran: Du bist nicht allein. Es ist völlig in Ordnung, seine Kräfte einzuteilen, sich auszuruhen und über die eigenen Schwierigkeiten zu reden. Es ist völlig in Ordnung, das eigene Wohlbefinden wichtig zu nehmen und sich regelmäßige Ruhephasen zur Gewohnheit zu machen.

Wenn es darum geht, etwas in der Welt zu bewirken, hilft es

mir häufig, meine riesigen, Alles-oder-nichts-Ziele in kleinere Einheiten aufzuteilen. Dadurch fühle ich mich weniger schnell überfordert oder erschöpft und habe nicht so schnell das Gefühl, alles sei vergeblich. Das bedeutet nicht, aufzugeben. Aufgeben ist, wenn Großartig zum Feind von Gut wird; wenn wir nur das ganz Große vor uns sehen, noch bevor wir überhaupt begonnen haben; wenn die Probleme uns so groß erscheinen, dass wir die kleinen Schritte – also das, was in unserer Kontrolle liegt – gar nicht erst gehen. Denk daran, immer die Dinge zu priorisieren, die du wirklich tun kannst, selbst wenn es nur darum geht, deine Energie aufzuladen und deine Möglichkeiten zu erweitern.

> Daher empfehle ich dir, immer, wenn du dich von deiner Umwelt überwältigt fühlst, die Richtung zu wechseln und dich dem Kleinen zuzuwenden. Finde etwas, das es dir erlaubt, deine Gedanken neu zu sortieren, eine Insel der Zufriedenheit, auf der du es dir für eine Weile gemütlich machen kannst.

Wenn du dich auf die Dinge konzentrierst, die innerhalb deiner Kontrolle stehen – häufig scheinbar unbedeutende, alltägliche Handlungen und Aktivitäten, oder deine privaten Gedanken –, wirst du das wiedererlangen, was ich als »die Kraft des Kleinen« bezeichne. Ich persönlich ziehe die klarste Kraft des Kleinen aus dem Stricken. An Tagen, an denen mein Gehirn überall Katastrophen und Verderben sieht und an denen mich das Gefühl, *nicht genug zu tun*, paralysiert, nehme ich die Stricknadeln und überlasse es meinen Händen, mich Masche für Masche wieder aus diesem Loch herauszuholen.

Der erste Schritt bei einem neuen Strickprojekt ist immer das *Anschlagen*. Und der letzte das *Abketten*. Ich empfinde diese beiden Arbeitsschritte als unglaublich befriedigend – die Eckpfeiler einer kontrollierbaren und endlichen Handlung. Sie geben mir ein Gefühl des Abschlusses in einer Welt, die immer chaotisch und unvollständig bleiben wird. Daher empfehle ich dir, immer, wenn du dich von deiner Umwelt überwältigt fühlst, die Richtung zu wechseln und dich dem Kleinen zuzuwenden. Finde etwas, das es dir erlaubt, deine Gedanken neu zu sortieren, eine Insel der Zufriedenheit, auf der du es dir für eine Weile gemütlich machen kannst. Und es muss nicht unbedingt das Stricken sein; alle möglichen Hobbys, Aufgaben und Handlungen können Teil deines Werkzeugkastens sein und dir dabei helfen, deine Kraft des Kleinen zu pflegen und zu stärken – sie müssen nur zu dir passen. Vielleicht spielst du gerne Tennis, machst lange Spaziergänge, baust Vogelhäuschen oder sprichst allmorgendlich eine Affirmation.

Ich will damit nicht sagen, dass das Stricken (oder irgendein anderes Hobby) die Lösung aller Probleme ist. Nichts davon wird den Rassismus beenden, den Klimawandel verlangsamen oder irgendeine der großen Krisen unserer Zeit lösen. Dafür sind diese Handlungen zu klein. So klein, dass sie fast schon bedeutungslos erscheinen. Und genau darum geht es mir. Ich habe mit der Zeit gelernt, dass die großen Dinge manchmal leichter zu bewältigen sind, wenn man ihnen etwas Kleines zur Seite stellt. Wenn sich alles groß und dadurch auch angsteinflößend und unüberwindbar anfühlt, wenn ich von meinen Gefühlen und Gedanken überwältigt werde, wende ich mich ganz bewusst dem Kleinen zu.

Der nächste Abschnitt dieses Arbeitsbuches soll dir dabei helfen, herauszufinden, worin bei dir die Kraft des Kleinen liegt, welche Werkzeuge dir zur Verfügung stehen. Ich möchte zeigen, dass es okay ist, im Kleinen produktiv zu sein und sich den kleinen Aufgaben und Bestrebungen zu widmen, die ihren Platz neben deinen großen Zielen und Träumen haben. Ja, es ist sogar mehr als okay: Deine Kraft des Kleinen ist ein wichtiges Werkzeug, um schwierige Zeiten zu überstehen und fester auf beiden Beinen stehen zu bleiben.

Was hat dir in letzter Zeit Angst gemacht? Was hat dich gestresst oder verunsichert? Erinnerst du dich, wo du warst, was du getan hast oder mit wem du zusammen warst?

Wann hast du dich in letzter Zeit ruhig, geerdet oder zuversichtlich gefühlt?
Was hast du getan, als du dich so fühltest?

HABE ICH VERSTANDEN, woher die Unausgeglichenheit und die Beeinträchtigung des inneren Gleichgewichts in mir kommen, suche ich nach einem geeigneten Hilfsmittel, um mich wieder auf Kurs zu bringen. Meist sind diese Hilfsmittel klein. Manchmal brauche ich einfach einen Spaziergang an der frischen Luft, Sport, oder ich muss einmal ausschlafen. Oder ich nehme mir etwas ganz Simples vor und mache nur mein Bett. Auch eine lange Dusche oder etwas Schönes anzuziehen kann helfen. Ein intensives Gespräch mit einem Freund oder einer Freundin oder Zeit für mich allein, in der ich meine Gedanken aufschreibe, kann unglaublich heilend wirken. Manchmal merke ich dann, dass ich aufhören sollte, etwas Bestimmtes, das ich vor mir hergeschoben habe, zu vermeiden – ein Projekt oder eine Begegnung beispielsweise. Auch anderen zu helfen, hilft mir – selbst wenn es sich nur um eine Kleinigkeit handelt, die jemandem eine Freude macht. Häufig muss ich nur einmal herzlich lachen, um mich wie neu zu fühlen.

Solche kleinen Änderungen helfen dabei, die großen Knoten zu lösen. Es sind die Dinge, die wir »um ihrer selbst willen« tun, die uns bereichern. Kleine Erfolgserlebnisse, das habe ich gelernt, sammeln sich an. Ein Schritt vorwärts führt meist zum nächsten, eine Handlung, die uns wieder ins Lot bringt, führt uns zur nächsten. Wenn wir etwas Neues wagen oder eine scheinbar unwichtige Aufgabe erledigen, nähern wir uns Schritt für Schritt den größeren Handlungen und Wirkungen.

Blättere zurück und wirf noch einen Blick auf Seite 9. Hast du in den Momenten, in denen du dich ruhig, geerdet oder zuversichtlich fühltest, deine Kraft des Kleinen umgesetzt? Und hast du es absichtlich oder unabsichtlich getan? Verändert sich dein Blick auf diese Liste, wenn du sie nicht als zufällig wahrnimmst, sondern an die Werkzeuge denkst, die du in diesen Momenten genutzt hast?

_____
_____
_____
_____
_____
_____
_____
_____

Wie kannst du weitermachen, um deine Kraft des Kleinen umzusetzen und mehr positive Momente wie diese zu schaffen?

_____
_____
_____
_____
_____
_____
_____
_____

MANCHE »KLEINEN« HANDLUNGEN *oder Projekte nehmen dich ganz ein und haben dadurch einen beruhigenden Effekt. Andere führen zu Stress und Frustration. Und dieselben Handlungen können sich für unterschiedliche Menschen ganz unterschiedlich anfühlen. Ich liebe es zu stricken. Aber wenn ich meinem Mann vorschlagen würde, zu stricken, anstatt ein Buch zu lesen oder Golf zu spielen, käme er ins Schwitzen.*

Trage hier deine Momente der Unausgeglichenheit und daneben deine aus der »Kraft des Kleinen« heraus verfügbaren Hilfsmittel ein – verbinde dann diese Werkzeuge mit den Momenten der Unausgeglichenheit, in denen sie am hilfreichsten sind.

MOMENTE DER UNAUSGEGLICHENHEIT

**AUS DER »KRAFT DES KLEINEN«
HERAUS VERFÜGBARE HILFSMITTEL**

»Es ist völlig in Ordnung, seine Kräfte einzuteilen, sich auszuruhen und über die eigenen Schwierigkeiten zu reden.

Es ist völlig in Ordnung, das eigene Wohlbefinden wichtig zu nehmen und sich regelmäßige Ruhephasen zur Gewohnheit zu machen.«

Wie zeigen sich die Momente, in denen du aus dem Gleichgewicht gerätst, in deinem Leben?

Denk an das letzte Handwerks- oder Handarbeitsprojekt,
das du fertiggestellt hast. Was war es? Kannst du es hier zeichnen?

»Beim Stricken ist es genau wie bei vielen anderen Dingen im Leben: Man erhält eine Antwort, indem man eine Masche an die nächste reiht. Wir verschlingen wieder und wieder den Faden mit sich selbst, bis wir die erste Reihe gestrickt haben. Darüber setzen wir die zweite Reihe, dann die dritte und vierte. Irgendwann, mit etwas Anstrengung und Geduld, erkennen wir die Umrisse eines Musters.

Wir erhalten eine Art Antwort – das, worauf wir gehofft haben – und sehen, wie eine neue Ordnung in unseren Händen Gestalt annimmt.«

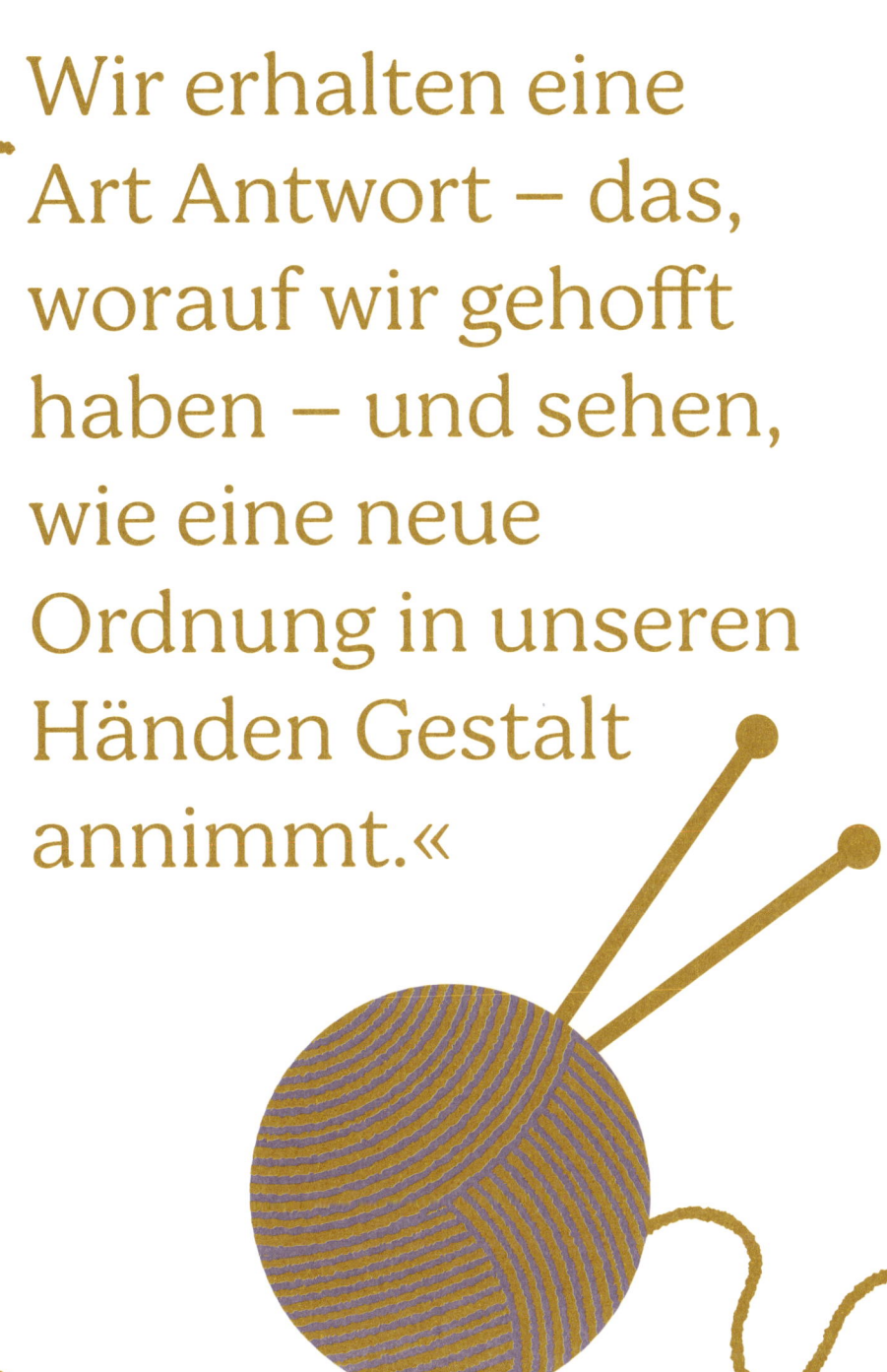

Hat deine psychische Gesundheit je darunter gelitten, dass du leidenschaftlich auf ein Ziel hingearbeitet hast? Schreibe deine Gedanken zu dieser Erfahrung auf.

Erinnere dich, welche kleinen Dinge deinen Tag verändert haben – egal ob zum Positiven oder zum Negativen. Schreibe sie hier auf.

_____
_____
_____
_____
_____
_____
_____
_____

Hättest du dich auf einige der Dinge, die du oben aufgeschrieben hast, besser vorbereiten können? Hättest du anders reagiert, wenn dein Geist in einem positiveren oder ruhigeren Zustand gewesen wäre? Falls ja, was wäre anders gewesen?

_____
_____
_____
_____
_____
_____
_____
_____
_____
_____

EIN TAG KANN uns schwer und leicht zugleich vorkommen; eine Herausforderung kann uns zunächst riesengroß und dann leicht zu bewältigen erscheinen; und zwei Stunden später halten wir sie vielleicht wieder für unüberwindbar. Das hängt nicht nur von den Umständen ab, sondern auch von unserer Stimmung, unserer Einstellung, unserer Haltung – und diese sind ständig im Wandel. Die geringste Kleinigkeit kann uns aus der Bahn werfen oder strahlen lassen – ob die Sonne scheint oder nicht, wie unser Haar gerade aussieht, wie wir geschlafen haben, ob wir gegessen haben oder nicht, ob uns jemand einen freundlichen Blick zuwirft oder nicht. Nicht immer werden die Faktoren, die so viele von uns verunsichern und die ihren Ursprung in generationenübergreifender, systemischer Unterdrückung haben, beim Namen genannt. Doch natürlich: Sie sind da.

> **Im Laufe des Tages können uns viele Dinge frustrieren, überfordern oder aus der Bahn werfen. Doch wenn wir uns auf diese Kräfte vorbereiten, wird es uns leichter fallen, widerstandsfähig zu bleiben.**

Zu Beginn des Tages stellen wir uns meist auf solche Herausforderungen ein. Im Laufe des Tages können uns viele Dinge frustrieren, überfordern oder aus der Bahn werfen. Doch wenn wir uns auf diese Kräfte vorbereiten, wird es uns leichter fallen, widerstandsfähig zu bleiben. Wir neigen dazu, den Tag mit kritischen Gedanken zu beginnen. Vielen von uns fällt der allmorgendliche Blick in den Spiegel sehr schwer. Wir urteilen zu hart über uns selbst. Wir haben uns die oft negativen Bemerkungen über unser Aussehen zu eigen gemacht, die uns objektivieren und uns das Gefühl geben, unwürdig oder unsichtbar zu sein.

Von Frauen wird auch in Sachen Styling und Outfit viel mehr erwartet als von Männern. Daher brauchen wir länger vor dem Spiegel und investieren mehr Geld, um mit einem guten Gefühl in den Tag zu starten und uns auf den Weg zur Arbeit zu machen. Mir selbst passiert es häufig, dass ich das Badezimmerlicht einschalte, einen Blick in den Spiegel werfe und das Licht am liebsten sofort wieder ausschalten möchte. Wenn ich mir selbst ins Gesicht blicke, suche ich sofort nach kleinen Fehlern und Makeln und sehe nur das, was an mir zu trocken oder verquollen ist. Ich denke nur daran, was besser aussehen könnte und sollte. Und während ich mich auf diese Weise bewerte, entfremde ich mich von mir selbst. Daher starte ich den Tag als gespaltener Mensch – der eine Teil von mir ist die strenge Kritikerin, der andere wird ständig bewertet. Der eine beißt; der andere leidet. Was bleibt, ist ein schlechtes Gefühl, das nur schwer abzuschütteln ist. Und genau darüber möchte ich hier sprechen: über die Möglichkeit, liebevoll in den Tag zu starten.

Ich habe dieses kraftvolle Werkzeug von einem guten Freund, Ron. Ron steigt jeden Morgen aus dem Bett, lächelt sich selbst im Badezimmerspiegel an und begrüßt sich mit einem warmen: »Heeey, Buddy!« Wir können davon ausgehen, dass mein Freund Ron, wie wir alle, häufig verschlafen und verquollen vor seinem Spiegel steht. Auch er hat sicher viel an seinem Spiegelbild auszusetzen. Aber was er zuerst sieht, was er ganz bewusst *anerkennt*, ist ein ganzer Mensch, jemand, den er sich wirklich zu sehen freut.

Anders als viele von uns hat Ron verstanden, dass man einen neuen Tag lieber nicht mit Selbstkritik beginnt. Tatsächlich ist es doch genau diese Art von Mitgefühl und Anerkennung, die wir uns so verzweifelt von anderen Menschen wünschen – von Lehrkräften, Eltern, Vorgesetzten, Liebhaber*innen und so weiter. Und wir sind am Boden zerstört, wenn uns dieses Mitgefühl verweigert wird. Das Schöne an diesem »Heeey, Buddy!« ist, dass es nicht übertrieben ambitioniert klingt. Es ist keine Motivationsfloskel. Es erfordert weder Enthusiasmus noch Eloquenz, und man muss auch nicht überzeugt davon sein, dass der Tag, in den man startet, fantastisch wird und voller Möglichkeiten und Chancen steckt. Es ist nur ein freundliches Hallo – zwei Worte voller Wärme. Etwas, das viele von uns einmal versuchen könnten.

VIELEN VON UNS *fällt es schwer, uns selbst zu akzeptieren, wenn wir in den Spiegel blicken, besonders morgens. Wir spüren den Druck, unser Äußeres zu pflegen und uns perfekt zu stylen. Frauen sind davon besonders häufig betroffen – und ich bin da keine Ausnahme. Ich habe jedoch versucht, morgens aufzuwachen und ganz bewusst liebevoll in den Tag zu starten. Ich halte inne und lasse warme Gedanken zu. Oft reicht die Anerkennung, wieder einen neuen Tag vor sich zu haben.*

Zeichne hier, was du morgens im Spiegel siehst – dann schreibe einige Affirmationen und liebevolle Nachrichten an dich selbst auf, die dir bei einem guten Start in den Tag helfen werden.

»Viele Menschen haben ihr Leben lang mit den kritischen Gesichtern um sie herum zu kämpfen. Sie fühlen sich skeptisch beäugt, fragen sich, was sie falsch machen, verinnerlichen belastende Antworten und werden sie nie wieder los. Allzu oft betrachten wir uns selbst mit ganz besonders strengem Blick. Wir bestrafen uns, indem wir vor allem grübeln, was falsch an uns ist, ehe wir die Chance haben, auch nur zu erahnen, was an uns richtig sein könnte.«

Nun, da du dich darauf vorbereitet hast, liebevoll und mit Freude in den Tag zu starten, rate ich dir, eine deiner Affirmationen fünf Tage lang jeden Morgen auszusprechen. Komm danach zu dieser Seite zurück und schreibe auf, was diese Erfahrung in dir bewirkt hat.

Wie hat es sich angefühlt, dir selbst allmorgendlich mit warmen Worten anstatt mit Kritik zu begegnen? Wie hat sich dein Tag verändert, indem du dich selbst liebevoll und mit Freude begrüßt?

»Das Schöne an diesem ›Heeey, Buddy!‹ ist, dass es nicht übertrieben ambitioniert klingt. Es ist keine Motivationsfloskel. Es erfordert weder Enthusiasmus noch Eloquenz, und man muss auch nicht überzeugt davon sein, dass der Tag, in den man startet, fantastisch sein wird und voller Möglichkeiten und Chancen steckt. Es ist nur ein freundliches Hallo – zwei Worte voller Wärme.«

Du hast dich in der Kraft des Kleinen geübt, indem du dich jeden Morgen liebevoll und mit Freude begrüßt hast. Denk nun nach außen und liste alle Menschen in deinem Leben auf, die sich immer freuen, dich zu sehen, und dir Freude bereiten.

Wem begegnest du mit Dankbarkeit und Freude, und warum?

ICH BIN DANKBAR FÜR ...

WEIL

ICH BIN DANKBAR FÜR ...

WEIL

ICH BIN DANKBAR FÜR ...

WEIL

ICH BIN DANKBAR FÜR ...

WEIL

»Wer erinnert sich nicht an das Gesicht einer Lehrkraft, eines Elternteils, eines Trainers oder einer Freundin, der oder die uns mit vorbehaltloser Freude und Wohlwollen begegnet? Untersuchungen zufolge nimmt die Mitarbeit von Schulklassen um mehr als 20 Prozent zu, wenn Lehrer*innen sich die Zeit nehmen, ihre Schüler*innen persönlich an der Tür zu begrüßen.«[1]

Erinnere dich an Situationen, in denen dir jemand mit einer Freude begegnet ist, die deinen Ausblick auf deinen Tag oder auf deine Lebensumstände verändert hat. Schreibe einen kurzen Brief an diesen Menschen, in dem du den Einfluss, den er oder sie auf dich hatte, beschreibst.

GEWOHNHEITSTRACKER | Nun fordere ich dich dazu auf, einen ganzen Monat lang deine Kraft des Kleinen auszuüben und zu notieren, wie häufig du die folgenden erholsamen Handlungen ausgeführt hast. (Du kannst auch eigene Gewohnheiten und Werkzeuge hinzufügen, die du für dich selbst als hilfreich identifiziert hast.)

#		
1	Mir Zeit für ein Hobby oder ein Handarbeitsprojekt genommen:	○○○○○○○○○
2	Eine Freundin oder einen Freund angerufen:	○○○○○○○○○
3	Mir eine Auszeit von Bildschirmen gegönnt:	○○○○○○○○○
4	Mich selbst morgens mit Freundlichkeit begrüßt:	○○○○○○○○○
5		○○○○○○○○○
6		○○○○○○○○○
7		○○○○○○○○○
8		○○○○○○○○○
9		○○○○○○○○○
10		○○○○○○○○○
11		○○○○○○○○○
12		○○○○○○○○○

»Wirklich, es ist das Einfachste der Welt: Freude bereichert. Sie ist ein Geschenk. Wenn jemand sich freut, uns zu sehen, fühlen wir uns sicherer. Wir werden gelassener. Und wir tragen dieses Gefühl mit uns.«

DA DU DEN Werkzeugkasten mit der Kraft des Kleinen nun aufgefüllt hast, bist du bereit, während der Krisen und Unsicherheiten, die dieses Leben zweifellos mit sich bringt, standhaft zu bleiben. Denn du weißt, dass viel Sicherheit und Frieden in den kleinen Dingen steckt, die innerhalb deiner Kontrolle liegen.

Denk daran, dass die Latte ziemlich tief hängt. Den Tag liebevoll zu beginnen, heißt nicht unbedingt, ihn grandios zu beginnen. Du musst dir keine Erklärung darüber abgeben, was du im Laufe des Tages alles erreichen willst oder woher dein Selbstbewusstsein kommt, und du musst auch nicht so tun, als seist du unbesiegbar. Nichts davon muss laut ausgesprochen werden, ganz besonders nicht vor dem Spiegel. Du versuchst nur auf die eine oder andere Weise, deine innere Kritikerin auszusperren und die Freude nach vorne zu stellen, indem du dir selbst – auch metaphorisch – freundlich in die Augen blickst und Hallo sagst.

Denk auch daran, dass kleine Handlungen und Gewohnheiten genau deswegen so wichtig sind, weil sie angesichts deiner größeren Ziele unbedeutend zu sein scheinen. Man soll sich ab und zu das Glück eines kleineren Erfolges gönnen.

Das ist die Kraft des Kleinen: Was zählt, sind die Zwischenschritte. Was dir Erleichterung bringt, ist die Hinwendung zu dem, was direkt vor dir liegt und das du unmittelbar erledigen kannst. So kommen wir vom *Es ist einfach zu viel* zurück zum *Ich schaffe das*. So werden wir weiterwachsen.

Konstruktive
ANGST

KONZENTRIERE DICH NUN auf die Werkzeuge, die du dir zurechtgelegt hast, um dich mit der dir eigenen Kraft des Kleinen selbst zu erden, denn wir werden uns nun mit etwas Schwierigem beschäftigen: der Angst. Ich möchte zuerst klarstellen, was ich mit *Angst* meine. Ich spreche vor allem von abstrakten Ängsten – Angst vor Scham oder Angst vor Ablehnung, Sorgen, dass etwas schiefgeht oder jemand sich verletzt. Ich hatte das Glück, in einem relativ sicheren und stabilen Umfeld aufzuwachsen. Daher weiß ich, wie sich Sicherheit und Stabilität anfühlen – ein Privileg, das nicht jeder und jede genießen konnte. Ich kann nicht immer nachvollziehen, wie andere sich fühlen, wenn sie Angst haben. Ich bin beispielsweise selbst kein Opfer von Missbrauch. Ich habe keinen Krieg erlebt. Zwar ist es schon vorgekommen, dass ich physisch bedroht wurde, doch glücklicherweise ist es noch nie zu einem tätlichen Angriff gegen mich gekommen. Und dennoch: Ich bin eine Person of Color, ein Schwarzer Mensch in Amerika. Ich bin ein weiblicher Mensch in einer patriarchalen Welt. Und ich bin eine öffentliche Persönlichkeit und als solche der Kritik und dem Urteil anderer Menschen ausgesetzt, was mich auch manchmal zu einem Ziel von Wut und Hass macht. Ich bin manchmal am Ende meiner Nerven. Ich fühle mich bedroht und wünschte, ich wäre nicht da.

Das *Oxford English Dictionary* definiert das Wort *Gefahr* als »*drohender Verlust oder Schaden*«. Wer von uns kennt diese Ängste nicht? Wer von uns hat keine Angst, jemanden oder etwas zu verlieren oder Schaden zu nehmen? Wir alle verarbeiten ständig unsere Ängste und versuchen, tatsächliche Gefahrensituationen von eingebildeten zu unterscheiden. Die Werkzeuge, die ich dir in diesem Kapitel anbiete, beziehen sich zum Großteil nicht auf tatsächliche Gefahren, sondern auf abstrakte Gefahren, die in unseren Köpfen entstehen. Denn auch solche eingebildeten Ängste können sich dringend und problematisch anfühlen. (Wenn du dich in einer tatsächlichen Notsituation befindest, wird dir dieses Arbeitsbuch leider nicht weiterhelfen. Ich empfehle dir, dieses

Buch in dem Fall niederzulegen und dich an Menschen und Institutionen zu wenden, die über die Werkzeuge verfügen, mit denen dir geholfen werden kann.)

Die Entscheidungen, die wir in Angstsituationen treffen, prägen unser ganzes Leben, davon bin ich überzeugt. Wenn die Angst uns paralysiert und uns aller Hoffnung und individueller Handlungsmacht beraubt, fallen wir in ein tiefes Loch. Daher ist es wichtig zu lernen, unsere Sorgen und Ängste zu verarbeiten. Dabei geht es nicht darum, die Angst vollständig auszuschalten. Ich habe in meinem Leben schon viele mutige Menschen getroffen: Held*innen des Alltags ebenso wie Giganten wie Maya Angelou und Nelson Mandela – Menschen also, die keine Angst zu kennen scheinen. Ich saß mit globalen Führungspersönlichkeiten am Tisch (und lebe mit einer zusammen), die wichtige Entscheidungen mit großen Auswirkungen für die Leben anderer treffen. Ich kenne Redner*innen, die ganze Stadien füllen und dem Publikum ihre Seele offenbaren, Aktivist*innen, die ihre Freiheit und Sicherheit riskieren, um die Rechte anderer zu schützen, und Künstler*innen, die mit ihrer Kreativität mutig voranschreiten. Kein einziger dieser herausragenden Menschen würde von sich selbst behaupten, nie Angst zu haben.

Was sie gemeinsam haben, ist ihre Fähigkeit, mit der Gefahr zu leben, im Gleichgewicht zu bleiben und trotz der Angst klar zu denken. Sie haben gelernt, ihre Ängste konstruktiv zu nutzen. Was bedeutet das? Es geht darum, klug mit der Angst umzugehen und sich nicht von ihr aufhalten zu lassen. Es geht darum, trotz all der Zombies und Monster, die das Leben notwendigerweise bevölkern, Ruhe zu bewahren und rational mit ihnen umzugehen. Es ist wichtig, dass wir lernen, unserem eigenen Urteil darüber, was wirklich gefährlich ist und was nicht, zu vertrauen. Wenn wir so leben, finden wir einen Mittelweg zwischen vollkommener Sicherheit und überwältigender Angst. Und wir gehen diesen Mittelweg wach, selbstbewusst und zielstrebig. Und mit den richtigen Werkzeugen werden wir auf diesem Mittelweg wachsen.

Wann hattest du das letzte Mal Angst? Beschreibe die Situation.

Wie bist du mit dieser Angst umgegangen?
Was hast du für Maßnahmen ergriffen – oder auch nicht?

Kreise diejenigen abstrakten Ängste ein, die du von dir selbst kennst – und wenn dir eine davon sehr häufig begegnet, mache zwei Kreise. (Wenn du viele Kreise zeichnen musst – keine Sorge! Bei mir wäre das genauso, denn nur weil man lernt, konstruktiv mit seinen Ängsten umzugehen, heißt das nicht, dass sie verschwinden; man lernt nur, mit ihnen umzugehen.)

»Ängste sind oft eine direkte Antwort auf Unordnung und Veränderung, auf den Einbruch von etwas Neuem oder Unerwartetem in unser Bewusstsein. Sie können je nach Situation vollkommen rational oder irrational sein. Daher ist es wichtig, die echten von den imaginären Ängsten unterscheiden zu können.«

WÄHREND BARACKS KAMPAGNE für die Präsidentschaftswahl im Jahr 2007 habe ich mich besonders intensiv mit meinen Ängsten auseinandergesetzt. Sie drückten mich nieder und ließen mich glauben, ich würde oder könnte nie etwas erreichen.

Damals nahm die Ungewissheit für mich bisher ungekannte Ausmaße ein. Schließlich bin ich kein Mensch, der große Höhenflüge liebt. Viel lieber klettere ich langsam und besonnen eine Treppe hoch. Ein Steinbock eben, der jeden Schritt genau abwägt. Ganz oben aber, in der Stratosphäre eines rasanten Wahlkampfs, war nicht viel Zeit dafür. Alles geschah mit einer schwindelerregenden Geschwindigkeit. Ich musste mich selbst immer wieder davon überzeugen, nicht auf meine Ängste zu hören, die mir ständig Dinge sagten wie: *Du schaffst es nicht, lass es lieber sein.* Doch ich wusste genau, was dann passieren würde: Ich wäre am Ende meiner Nerven und wüsste nicht mehr weiter.

Heute weiß ich, was wichtig ist, um konstruktiv mit unseren Ängsten umzugehen: Wir lernen unser furchtsames Ich kennen. Warum? Einerseits, weil es uns immer begleiten wird. Es ist ein Teil unserer Psyche und wird uns auf jeder Bühne, bei jedem Vorstellungsgespräch und bei jeder Beziehung, die wir neu eingehen, begleiten. Es ist da, und es wird keine Ruhe geben. Unser furchtsames Ich ist ein Selbstschutzmechanismus, den wir noch aus der Kindheit kennen – es sind dieselben Instinkte, die uns während eines Gewitters zum Weinen brachten. Unser furchtsames Ich ist heute nur, wie wir, erwachsen geworden. Und es ist angesichts der vielen beängstigenden Situationen, die es wegen uns durchleben musste, nicht besonders gut auf uns zu sprechen.

Dein furchtsames Ich ist nicht mehr und nicht weniger als ein Lebenspartner, den du dir nicht ausgesucht hast. Und es selbst hat sich dich auch nicht ausgesucht, um es einmal ganz deutlich zu sagen. Denn du hast versagt, du bist nicht besonders klug, und du machst immer alles falsch. Warum sollte also irgendjemand sich freiwillig mit dir abgeben?

Klingt vertraut? Für mich schon.

Ich kenne mein furchtsames Ich nun schon seit sechzig Jahren. Meine alte Freundin und ich verstehen uns nicht besonders gut. Durch sie fühle ich mich unsicher. Sie hält mich für schwach. Sie hat einen riesigen, übervollen Ordner, in dem sie jeden Fehler akribisch festhält. Und sie ist unermüdlich auf der Suche nach weiteren Beweisen für mein Scheitern. Sie hasst mein Aussehen, immer und überall. Sie findet die E-Mail, die ich an eine Kollegin geschrieben habe, schlecht formuliert. Sie hält nichts von dem, was ich gestern bei der Dinnerparty zu sagen hatte. Sie kann nicht glauben, was ich manchmal für dummes Zeug rede. Sie versucht mir jeden Tag einzureden, dass ich keine Ahnung habe, was ich tue. Und jeden Tag versuche ich, Gegenrede zu leisten. Oder sie zumindest mit positiveren Gedanken zu übertönen. Doch verschwinden wird sie nicht.

Sie ist mein inneres Monster. Und sie ist auch ich selbst.

Ich habe mit der Zeit gelernt, sie zu akzeptieren. Ich bin nicht gerade froh darüber, aber ich weiß heute, dass sie es sich in meinem Kopf eingerichtet hat. Tatsächlich habe ich ihr dort einen eigenen Platz eingeräumt, um sie besser beim Namen nennen und verstehen zu können. Anstatt so zu tun, als sei sie gar nicht da, oder ständig zu versuchen, sie zu besiegen, habe ich versucht, mein furchtsames Ich besser kennenzulernen, so wie auch sie mich kennt. Allein dadurch ist sie weniger streng geworden und hat auch etwas an Einfluss auf mich verloren.

Jedes Mal wenn sie in meinem Kopf negativ über mich zu sprechen beginnt und die Selbstzweifel sich vor mir auftürmen, versuche ich, einen Moment innezuhalten und die Dinge beim Namen zu nennen. Ich trete einen Schritt zurück und wende mich mit einem halbherzigen Schulterzucken meiner Angst zu:

O hallo. Du wieder.
Danke, dass du da bist und mich darauf aufmerksam machst.
Ich verstehe dich.
Du bist kein Monster für mich.

Was sagt dein furchtsames Ich häufig zur dir? Kennzeichne jeden der Kommentare als »rational« oder »irrational«. Wie häufig versucht dein furchtsames Ich, dich einzuschränken, indem es deine Gedanken auf Zweifel und Ängste anstelle von Möglichkeiten und Chancen ausrichtet?

Kommentar 1

RATIONAL / IRRATIONAL

Kommentar 2

RATIONAL / IRRATIONAL

Kommentar 3

RATIONAL / IRRATIONAL

Kommentar 4

RATIONAL / IRRATIONAL

Überleg dir ein Mantra, mit dem du deinem furchtsamen Ich begegnen kannst. Wie könntest du reagieren, wenn du bemerkst, dass dein furchtsames Ich dir negative Gedanken einflößt?

WENN ICH ZWEIFEL UND SELBSTKRITIK *zum Schweigen bringen möchte, wende ich mich immer den praktischen Details und Funktionsweisen der Sache zu, die mir Angst macht.*

Ich hatte als kleines Mädchen große Angst vor den Gewittern, die Chicago häufig an warmen Sommerabenden überrollten. In solchen Momenten nahm mein Vater mich in die Arme und erklärte mir die meteorologischen Ursachen dieses Wetterereignisses. Er erklärte mir, dass der ganze Krach dem Aufeinanderprallen harmloser Luftsäulen entsprang und dass man sich von Fenstern und Wasser fernhalten muss, um nicht vom Blitz getroffen zu werden. Er sagte mir nie, ich solle meine Angst überwinden, und tat sie auch nicht als irrational oder dumm ab. Er gab mir einfach die nötigen Informationen, die ich brauchte, um meine Angst unter Kontrolle zu haben und mich mit den Werkzeugen auszustatten, die mir Sicherheit geben.

Überlege dir, wovor du Angst hast, und mach dich an die Recherche! Zeichne oder schreibe auf, was du über das, was dir Angst macht, gelernt hast.

Wovor ich Angst habe:

Was ich jetzt weiß:

MEINE MOM VERFOLGTE *einen anderen Ansatz, um meinem älteren Bruder Craig dabei zu helfen, konstruktiv mit seinen Ängsten umzugehen. Ihre Methode war ihre eigene Kompetenz, und sie ging mit gutem Beispiel voran. Sie fegte riesige Spinnen einfach von unserer Türschwelle, reagierte ruhig auf knurrende Nachbarshunde und fischte brennende Toastscheiben aus dem Toaster, wenn Craig und ich beim Frühstück mal unachtsam waren. Selbst im Halbschlaf, noch im Bademantel – meine Mutter wusste immer, was zu tun war. Und Kompetenz ist, wie ich gelernt habe, die Gegenseite der Angst.*

Benenne Menschen in deinem Leben oder öffentliche Personen, die du bewunderst und die dich aufgrund ihrer Kompetenz oder ihres Mutes inspirieren. Erkläre, inwiefern du von ihnen gelernt hast, konstruktiv mit deinen Ängsten umzugehen.

... INSPIRIERT MICH

WEIL

... INSPIRIERT MICH

WEIL

... INSPIRIERT MICH

WEIL

... INSPIRIERT MICH

WEIL

MANCHMAL FÜHLTE ICH mich von dem Vermächtnis meiner beiden Großväter sowohl gebunden als auch herausgefordert: stolzen Schwarzen Männern, die hart gearbeitet und sich gut um ihre Familien gekümmert hatten, deren Leben aber von Angst – häufig greifbarer und berechtigter Angst – geprägt war. Southside, dem Vater meiner Mutter, fiel es schwer, Menschen außerhalb der Familie zu vertrauen; und es war ihm beinahe unmöglich, Weißen zu trauen. Daher mied er viele Menschen, darunter auch Ärzt*innen, weshalb die ersten Symptome seines Lungenkrebses nicht behandelt wurden.

Mein zweiter Großvater, Dandy, wurde in den Südstaaten der Jim-Crow-Zeit geboren, hatte früh seinen Vater verloren und zog später in der Hoffnung auf ein besseres Leben nach Chicago. Stattdessen traf ihn dort nicht nur die Weltwirtschaftskrise, sondern auch die Realität des Nordens hart, in der das gleiche rassistische Kastensystem vorherrschte wie in den Südstaaten. Er hatte davon geträumt, ein College zu besuchen, und musste sich stattdessen in Restaurants, Wäschereien und an Bowlingbahnen als Tagelöhner durchschlagen. Er reparierte, klebte und schleppte.

In meiner Kindheit war mir nur teilweise bewusst gewesen, was der Rassismus meine vier Großeltern gekostet hatte – die Erniedrigung, die vor der Nase zugeschlagenen Türen. Doch ich verstand, dass ihnen nichts anderes übrig geblieben war, als sich innerhalb der Grenzen einzurichten, die man ihnen auferlegt hatte. Sie waren ein Teil ihrer eigenen Psyche geworden.

Viele von uns tragen schwer an diesem Vermächtnis, generationenübergreifend. Es ist nicht einfach, dagegen anzukämpfen.

»Aus unseren Wunden werden unsere Ängste. Aus unseren Ängsten werden unsere Grenzen.«

VERMEIDUNG IST DAS *erwachsene Äquivalent eines kindlichen Schreis. Vielleicht traust du dich nicht, dich an deinem Arbeitsplatz um eine Beförderung zu bemühen. Vielleicht traust du dich nicht, auf eine Person am anderen Ende des Raumes zuzugehen, um ihr zu sagen, dass du sie oder ihn bewunderst. Du schreibst dich nicht in einen neuen Kurs ein und lässt dich nicht auf ein Gespräch mit jemandem ein, der oder die deine politischen oder religiösen Ansichten nicht teilt. Indem du dir solche unangenehmen und schwierigen Situationen ersparst, verpasst du vielleicht eine Chance. Wenn du immer nur an dem festhältst, was du schon kennst, wird deine Welt immer kleiner. Du beraubst dich selbst der Möglichkeit zu wachsen.*

Überlege, was du in der Vergangenheit gemieden hast – ein schwieriges Gespräch oder eine Chance –, und stell dir vor, was passiert wäre, wenn du anders gehandelt hättest.

Betrachte deine eigene Familiengeschichte. Haben deine Eltern und Großeltern unter Umständen gelebt, die zu Ängsten führten und ihre Welten einschränkten? Haben sie Herausforderungen gemeistert, vor denen sie sich zu dieser Zeit wahrscheinlich gefürchtet haben? Welchen Einfluss hatte ihr Handeln in solchen Situationen auf dein eigenes Leben und deine eigenen Entscheidungen?

ES FÜHRT KEIN Weg daran vorbei: Wir werden jedes Mal nervös, wenn uns etwas Unvorhersehbares bevorsteht, wenn wir unsere Grenzen überwinden und viel auf dem Spiel steht. Überleg mal: Wer war am ersten Schultag nicht nervös? Wer fürchtet sich nicht ein bisschen vor seinem ersten Arbeitstag am neuen Arbeitsplatz. Oder vor einem ersten Date. Wer fühlt nicht einen kleinen Stich, wenn er oder sie einen Raum voller Fremder betritt oder ein öffentliches Statement zu einer wichtigen Angelegenheit abgibt? Das alles sind unangenehme und schwierige Momente, denen wir im Laufe unseres Lebens immer wieder begegnen. Doch sie können auch aufregend sein.

Warum? Weil wir nicht wissen können, was auf uns zukommt. Und die Reise, auf die wir uns begeben, könnte sich als großes Abenteuer herausstellen.

Wenn du lernst, konstruktiv mit deinen Ängsten umzugehen, kann es sein, dass du Situationen, vor denen du dich einst fürchtetest, bewältigst und neue Erfahrungen machst. Es kann sein, dass die Menschen dort ganz anders ticken als du – und dass dort gar niemand aussieht wie du – und dass dort Bräuche und Gewohnheiten herrschen, die dir fremd sind. Sich den Ängsten zu stellen, die entstehen, wenn man mehr erreicht, als man selbst und die eigene Familie es sich jemals erträumen konnten, erfordert unglaublich viel Vorbereitung und Resilienz.

Ich fand schon sehr früh Gefallen an dem Gefühl, etwas erreicht zu haben, mich durch Herausforderungen zu pushen und meine

Ängste zu bewältigen. Ich wollte etwas Großes mit meinem Leben machen, auch wenn ich nicht wirklich wusste, was ein großes Leben war oder wie ein Mädchen aus der Chicagoer South Side sich ein solches Leben erarbeiten konnte. Ich wusste einfach, dass ich hoch hinauswollte. Ich wollte herausragen. Ich wollte Grenzen überwinden und verschieben, doch ich war auch naiv. Ich war mir bewusst, welches Gegennarrativ über Kinder wie mich vorherrschte. Ich spürte den Druck niedriger Erwartungen, das allgegenwärtige Gefühl, dass ich als Schwarzes Mädchen der Arbeiterklasse es nicht weit bringen würde.

> Ich musste lernen, meine Sorgen von denen anderer Menschen zu unterscheiden. Ich musste meinen Instinkten vertrauen, mich auf meine Mitte besinnen und versuchen, mich nicht hinter Ängsten zu verschanzen.

Heute weiß ich, dass man sich als Outsider immer als Outsider fühlt, auch wenn man es geschafft hat. Die innere Spannung bleibt bestehen und verfolgt einen wie ein Nebel. Man fragt sich manchmal: *Wann wird es endlich einfacher?*

Wenn du ein großes Leben führen willst, ist es wichtig, dass du lernst, zu deinen Träumen und Wünschen zu stehen, hart zu bleiben, ohne zu verhärten, flexibel und offen für Wachstum zu bleiben und anderen zu zeigen, wer du wirklich bist.

Du wirst dich dabei auf verschiedene Hilfsmittel und Werkzeuge stützen, die wir bereits erwähnten. Und es ist wichtig, dass du dir auch ein paar neue aneignest, um durchzuhalten. Wenn du Barrieren durchbrechen und Mauern niederreißen möchtest, ist es wichtig, dass du deine eigenen Grenzen kennst und bewahrst. Und deine Zeit, deine Energie, deine Gesundheit und deinen Geist im Blick behältst. Besinne dich also immer wieder auf deine Kraft des Kleinen, um dich nicht auszulaugen und um zu sehen, was du unmittelbar bewirken kannst. Lasse dich nicht von deinem furchtsamen Ich unterkriegen und handle, auch wenn du Angst hast.

Du wirst dir am besten auch einen Schutzpanzer anlegen. Vorbereitet zu sein, ist mein bester Schutzmechanismus. Ich plane, übe und mache meine Hausaufgaben lange vor der eigentlichen Prüfung. Das hilft mir dabei, auch unter Stress ruhig zu bleiben, weil ich weiß, dass ich immer einen Ausweg finden werde, egal wie schwierig die Situation ist. Wenn ich mich organisiere und vorbereite, fühlt sich der Boden unter meinen Füßen fester an.

Und dennoch weiß ich, dass ich mich von mir selbst entfremde, wenn ich mir zu viele Sorgen mache und einen Schutzwall errichte. Ich musste lernen, meine Sorgen von denen anderer Menschen zu unterscheiden. Ich musste meinen Instinkten vertrauen, mich auf meine Mitte besinnen und versuchen, mich nicht hinter Ängsten zu verschanzen. Ich versuche immer, agil zu bleiben, und pendle zwischen Vorsicht und Mut hin und her. Ich habe aus meiner Kindheit in der Euclid Avenue gelernt, dass Vorbereitung und Flexibilität das beste Mittel gegen Ängste sind.

Wo stehst du heute in deinem Leben? Was musstest du überwinden, um es bis hierher zu schaffen? Hast du erwartet, heute hier zu sein? Hat irgendjemand in deinem Leben erwartet, dass du es bis hierher schaffst?

Hast du dich im Laufe deiner Reise irgendwann von einer Angst aufhalten lassen, unabhängig davon, ob diese Angst aus dir selbst entsprang oder dir von anderen eingeflößt wurde? Warum oder warum nicht?

HAST DU DICH IM LAUFE *deiner Reise irgendwann von einer Angst aufhalten lassen, unabhängig davon, ob diese Angst aus dir selbst entsprang oder dir von anderen eingeflößt wurde?*
Warum oder warum nicht?

Aus was besteht dein Schutzpanzer?
Zeichne oder schreibe es hier auf.

»Es ist leicht, seine Vorfahren für deren Ängste und Entscheidungen zu kritisieren, sie für die Kompromisse, die sie eingingen, zu verurteilen und ihnen vorzuwerfen, dass sie nicht genug verändert haben. Jüngeren Menschen mag der dicke Schutzpanzer der älteren Generation oft zu starr und altmodisch erscheinen, doch man darf den Kontext nicht außer Acht lassen. Die Tatsache, dass sich heute mehr und mehr Schwarze Frauen trauen, ihre vollkommene Ästhetik am Arbeitsplatz zu zeigen, dass sie mit Braids oder Dreadlocks zur Arbeit gehen oder dass junge Leute Körpermodifikationen oder gefärbte Haare tragen können, ohne sich ausgeschlossen zu fühlen, oder dass Frauen bei der Arbeit mittlerweile sichere Stillplätze zur Verfügung stehen – all das hat viel mit Menschen wie den Partner*innen in meiner ehemaligen Anwaltskanzlei zu tun.
Sie mussten sich auf dem Weg nach oben immer wieder beweisen, damit wir anderen uns vielleicht irgendwann etwas weniger beweisen müssen.«

Welche Vorfahren haben deinen derzeitigen Lebensstil ermöglicht? Haben Menschen vor dir schwierige Entscheidungen getroffen, oder sind sie Kompromisse eingegangen, die dazu geführt haben, dass dein Leben jetzt freier ist, dass du dich weniger eingeengt fühlst und weniger Angst haben musst? ...

GEWOHNHEITSTRACKER | Ich möchte, dass du dich hier in Konstruktiver Angst übst. Tracke im nächsten Monat, wie oft du die unten stehenden Werkzeuge verwendest, um mit Ängsten umzugehen, und trage ein, wenn du sie in ungewohnten, stressigen oder herausfordernden Situationen einsetzt. (Ergänze die Liste außerdem mit deinen ganz eigenen Gewohnheiten und Werkzeugen.)

1	Ich habe mir genau angeschaut, ob meine Angst greifbar oder abstrakt ist:	○○○○○○○○
2	Ich habe mir bewusst gemacht, dass ein Gedanke seinen Ursprung in meinem furchtsamen Ich hatte:	○○○○○○○○
3	Ich habe ein Mantra genutzt, um ängstliche, irrationale Gedanken zu bewältigen:	○○○○○○○○
4	Ich habe mich mit etwas beschäftigt, das mir Angst macht, damit ich es besser verstehen lerne:	○○○○○○○○
5	Ich habe mich gut auf eine neue Situation vorbereitet und hatte dadurch weniger Angst:	○○○○○○○○
6		○○○○○○○○
7		○○○○○○○○
8		○○○○○○○○
9		○○○○○○○○
10		○○○○○○○○
11		○○○○○○○○
12		○○○○○○○○

AUS EIGENER ERFAHRUNG weiß ich, dass es uns neue Möglichkeiten eröffnen kann, wenn wir uns unserem furchtsamen Ich stellen. Außerdem kann uns unser Schutzpanzer oft nützlich sein – ein Teil von ihm wird wahrscheinlich immer notwendig bleiben. Dennoch ist ein zu dicker Schutzpanzer, wie ich finde, oft auch belastend: Wir geben uns zu defensiv und wappnen uns zu schnell für einen Kampf. Wenn du dich hinter einer Maske versteckst, besteht die Gefahr, dass du dir selbst fremd wirst. Wenn du fortwährend tough und unverletzlich wirken möchtest, verbaust du dir vielleicht die Möglichkeit, authentische professionelle Arbeitsbeziehungen aufzubauen, durch die du wachsen und dich weiterentwickeln kannst und die es dir ermöglichen, deine gesamten Fähigkeiten einzubringen.

Mit jeder Entscheidung, die wir treffen, sind bestimmte Kosten verbunden. Letztlich geht es um Folgendes: Wenn wir viel Zeit damit verbringen, uns darüber Sorgen zu machen, ob wir dazugehören oder wie wir in eine Situation passen – wenn wir uns stetig verstellen, anpassen, verstecken und bedeckt halten –, verschenken wir Gelegenheiten, unser wahres Ich, die beste Version von uns zu zeigen. Wir werden dann vielleicht seltener als expressiv, erfolgreich und ideenreich wahrgenommen.

Das ist die Herausforderung und die Anstrengung, der man sich gegenübersieht, wenn man das Gefühl hat, als »anders« gelesen zu werden. Viele von uns verschwenden kostbare Zeit und Energie damit, über diese Grenzen nachzusinnen, diesen schwer auslotbaren Unterschied zwischen dem Hinarbeiten auf ein Ziel und dem Übers-Ziel-Hinausschießen. Wir müssen genau über unsere Möglichkeiten nachdenken und wie wir sie nutzen. Bietet dieses Meeting einen sicheren Raum, und kann ich dort meine Meinung äußern? Ist es in Ordnung, wenn ich auf Basis meines Andersseins eine Sichtweise oder eine mögliche Lösung für ein Problem vorbringe? Wird meine Kreativität als aufsässig empfunden? Wird man meine Perspektive respektlos finden, ein unwillkommenes Infragestellen der Normen?

Bevor wir diese Fragen angehen, möchte ich, dass du einen Schritt zurücktrittst und dir vor Augen führst, wie weit du schon gekommen bist. Vielleicht hast du es bereits, entgegen allen Erwartungen, auf eine bestimmte Position geschafft. Vielleicht studierst du noch und bist auf dem Weg dorthin. Vielleicht suchst du dir auch gerade deinen ganz eigenen Weg. Egal, wo du dich gerade befindest, du hast dich ausführlich mit dir selbst auseinandergesetzt und so Werkzeuge entwickelt, die es dir erlauben, konstruktiv mit deiner Angst umzugehen, während du dich diesen größeren Herausforderungen stellst. Als Nächstes werden wir daran arbeiten, wie und wann du deinen Schutzpanzer ablegst.

Quell-
CODE

HATTEST DU JE das Gefühl, unwichtig zu sein? Oder dass du in einer Welt lebst, die dich auf eine deiner Eigenschaften reduziert?

Beinahe jede*r hatte irgendwann schon einmal dieses Gefühl – das prickelnde Bewusstsein, dass du nicht so richtig in deine Umgebung passt, dass man dich als Eindringling wahrnimmt. Doch für diejenigen unter uns, die als anders wahrgenommen werden – sei es aufgrund von Race, Ethnizität, körperlichem Aussehen, Gender, Queerness, geistigen oder körperlichen Einschränkungen, Neurodiversität oder auf Basis einer Kombination all dessen –, sind solche Gefühle nicht nur temporär, sondern akut und dauerhaft. Es erfordert viel Arbeit, mit ihnen zu leben, und kann sich wie eine unbezwingbare Aufgabe anfühlen.

> **Wenn wir uns sicher genug fühlen, uns ohne Scham zu zeigen, und offen über die Erfahrungen sprechen können, die uns zu den Menschen gemacht haben, die wir heute sind, dann macht das einen Unterschied.**

Manchmal liegt die Annahme nahe, dass dein Anderssein der Teil an dir ist, der besonders ins Auge fällt; die Sache, an die andere sich am längsten erinnern. Manchmal trifft das zu und manchmal auch nicht. Das Schwierige dabei ist, dass du dir selten absolut sicher sein kannst. Du wirst dennoch weitermachen müssen. Das Problem ist: Sobald du die Wertungen anderer an dich heranlässt, werden sie dich ablenken. Das ist ein charakteristisches Merkmal von Unsicherheit, du wechselst vom Nachdenken über dich selbst ins Nachdenken darüber, was die Leute vielleicht über dich denken. Und es kann zur Selbstsabotage führen, denn plötzlich nimmst auch du zuallererst dein Anderssein wahr. Statt dich auf das mathematische Problem vor dir an der Tafel zu konzentrieren, denkst du darüber nach, wie du aussiehst. Auf dem Weg zu einer Besprechung mit deinem*r Chef*in fragst du dich, welchen Eindruck du machen wirst, und zerbrichst dir den Kopf über die Länge deines Rocks und ob du Lippenstift hättest tragen sollen.

Plötzlich übernimmst du die Last des wie auch immer gearteten Etiketts, das andere dir verpasst haben. Dein Anderssein wird zum Aushängeschild.

All das stellt eine zusätzliche Last dar, eine weitere Ablenkung. In Situationen, die anderen vielleicht zwanglos erscheinen, entsteht für uns eine weitere Ebene, über die wir nachgrübeln. Jetzt kosten uns diese Situationen zusätzliche Energie. Die Menschheit scheint sich in zwei Gruppen zu teilen: diejenigen, die nicht anders können, als mehr zu grübeln, und diejenigen, die sich weniger Grübeln erlauben können.

Weniger sichtbare Arten des Andersseins können ebenfalls eine, mitunter sogar größere, mentale und psychische Belastung mit sich bringen. Vielleicht gibt es Erfahrungen, Aspekte deines Lebensstils oder deiner Persönlichkeit, die du gerne verbergen würdest oder auf Basis derer sich andere keine Meinung über dich bilden sollen. Doch der Aufwand, mit dem du manchmal diese Dinge in einem Gespräch umschiffst, kann dich zurückhaltend und vorsichtig machen. Vielleicht befindet sich einer deiner Elternteile oder ein Familienmitglied in Haft. Vielleicht bist du mit einer Lernbehinderung oder einem Sprachfehler aufgewachsen, den du mit harter Arbeit überwinden konntest.

> **Unsere Unterschiede sind Schätze und Werkzeuge zugleich. Sie sind nützlich, berechtigt, achtenswert, und es ist wichtig, dass wir sie teilen.**

Bei all diesem Aufwand und inmitten all dieser Unsicherheit wäre es verständlich, wenn du nicht noch mehr riskieren möchtest, indem du deine persönliche Geschichte teilst. Deine Zurückhaltung, deine Vorsicht und dein dicker Schutzpanzer sind verzeihlich. Schließlich versuchst du einfach nur, das Gleichgewicht zu halten und nicht zu fallen.

Es ist wichtig, dass wir unsere Perspektive ändern und schätzen lernen, welchen Wert unser Anderssein hat. Wir sollten es zum Anlass nehmen, voranzuschreiten, statt zurück, aufzustehen, statt sitzen zu bleiben, etwas zu sagen, statt stumm zu bleiben. Diese Arbeit ist fordernd. Sie setzt Wagemut voraus. Und man kann sich nie ganz sicher sein, wie sie wahrgenommen werden wird. Doch jedes Mal, wenn ein weiterer Drahtseilakt geglückt ist, können wir sehen, wie sich noch mehr Sichtweisen ändern. Wenn wir uns sicher genug fühlen, uns ohne Scham zu zeigen, und offen über die Erfahrungen sprechen können, die uns zu den Menschen gemacht haben, die wir heute sind, dann macht das einen Unterschied.

Unsere Unterschiede sind Schätze und Werkzeuge zugleich. Sie sind nützlich, berechtigt, achtenswert, und es ist wichtig, dass wir sie teilen. Sobald wir das nicht nur für uns selbst, sondern auch in Bezug auf andere erkennen, schreiben wir mehr und mehr Lebensgeschichten um, die vorher als bedeutungslos galten. Damit wechseln wir die Paradigmen, wer dazugehört, und geben so mehr Menschen Raum. Schritt für Schritt bauen wir die Einsamkeit derjenigen ab, die nicht dazugehören.

In diesem Teil werde ich dir Werkzeuge an die Hand geben, mit denen du das, was du als deine persönlichen Unterschiede oder Schwächen einordnest, in den Quellcode für deine eigene Stärke verwandeln kannst.

Überall sehe ich kluge und kreative Menschen, die sich nach und nach mehr Einfluss und Sichtbarkeit erarbeiten. Viele von ihnen haben verstanden, wie sie das, was sie von anderen unterscheidet, für sich nutzen können, statt es zu verstecken. Wenn wir ihrem Beispiel folgen, dann beginnen wir, all die Widersprüche und Einflüsse, die uns einzigartig machen, wahrzunehmen. Wir normalisieren das Anderssein. Wir tragen dazu bei, dass die persönliche Geschichte einer*s jeden etwas mehr anerkannt wird. Doch zuallererst ist es wichtig, dass du dich selbst und deine eigene Geschichte akzeptierst. Wenn du dich selbstbewusst und stabil fühlst, kannst du dein Licht mit anderen teilen.

Als Kind – und manchmal immer noch als Erwachsene – fiel ich beim Betreten eines Raumes durch meine Körpergröße auf. Am College, in der Arbeitswelt und später in der Politik stach ich an vielen Orten hervor, weil ich eine Frau bin und weil ich Schwarz bin. Oft verstärkte sich das sogar gegenseitig. Auf welche Art und Weise fällst du auf oder unterscheidest dich von deinen Mitmenschen in den Räumen und Kreisen, in denen du dich bewegst?

ICH FALLE AUF BEI/IN ...

WEIL

ICH FALLE AUF BEI/IN ...

WEIL

ICH FALLE AUF BEI/IN ...

WEIL

ICH FALLE AUF BEI/IN ...

WEIL

Wähle einen der Unterschiede aus, die du auf der vorangegangenen Seite aufgelistet hast, und reflektiere, was er in dir auslöst. Was geht dir durch den Kopf, wenn du an Szenarios denkst, in denen dir dieser Unterschied besonders bewusst wird? Wann ist er dir das erste Mal aufgefallen? ...

»Wenn du dir deiner unsicher bist, kann dir das den Boden unter den Füßen wegreißen und dich vergessen lassen, was du über dich weißt. Fühlen wir uns befangen, lässt uns das unbeholfen und unsicher werden, wir wissen nicht mehr, wer und wo wir sind. Es ist, als halte die Welt uns einen Zerrspiegel vor, der uns zeigt, wie wenig andere von uns erkennen können und auf wie viele Arten wir nicht dazugehören.«

Gibt es Situationen, in denen das, was dich von anderen unterscheidet, dir nützlich sein kann? (Unabhängig davon, ob du dies bisher zu deinem Vorteil genutzt hast oder nicht.) Mir hätte meine Körpergröße als Teenagerin zum Beispiel nützlich sein können, wenn ich in einer Basketballmannschaft gespielt hätte, oder ich hätte für meine Freund*innen Sachen von hohen Regalen herunterholen können, oder ich hätte bei einem Wettbewerb im Apfelpflücken einen ganz klaren Vorteil gehabt. Wirf noch einmal einen Blick auf die Liste mit Unterschieden und überlege dir, ob auch du sie in etwas Positives ummünzen kannst? So lernst du, diese Eigenschaften in einem neuen Licht zu sehen …

ALS KIND FÜHLTE ICH MICH aufgrund meiner Unterschiede oft fremd. Das lag vor allem daran, dass es kaum Vorbilder gab, denen ich nacheifern konnte. Ich fand kaum Kontexte, in denen ich meine Kraft und meine Größe ausleben konnte. Vielleicht hätte ich einer Basketballmannschaft beitreten können, doch irgendetwas in mir sträubte sich instinktiv dagegen. (Diesem Widerstand wohnte auch ein kleines bisschen Selbsthass inne.) Ich wollte nicht den einen Sport betreiben, den man von großen Mädchen erwartete. Irgendwie fühlte sich das wie ein Aufgeben an.

Hier sollten wir uns auch ins Gedächtnis rufen, dass das damals andere Zeiten waren. Das war lange vor Venus und Serena. Es gab keine Maya Moore, keine WNBA, keinen US-Frauenfußball oder -Frauenhockey. Das galt nicht nur für den Sport. Im Fernsehen, in Filmen, Zeitschriften oder Büchern begegnete ich nur sehr wenigen Menschen, die mir ähnlich sahen. Im Fernsehen nutzte man starke Frauen, die einen eigenen Standpunkt vertraten, in der Regel nur als Witzfiguren, als aufmüpfigen oder schrulligen Gegenpol der Männer. Schwarze Menschen, Persons of Color, zeigte man häufig entweder als Kriminelle oder Haushaltshilfen; sie traten beinahe nie als Ärzt*innen, Rechtsanwält*innen, Künstler*innen, Professor*innen oder Wissenschaftler*innen auf.

Als Kind arbeitete ich dementsprechend auf eine Existenz hin, von der ich mir kein richtiges Bild machen konnte. Es ist schwer, von etwas zu träumen, das nicht sichtbar ist. Wenn du dich umschaust und keine Version deiner selbst finden kannst, wenn du den Horizont absuchst und dort niemanden sehen kannst, der dir ähnelt, dann macht sich eine tiefe Einsamkeit in dir breit. Du hast das Gefühl, dass deine eigenen Hoffnungen, deine Pläne, deine Stärken nicht zu dir passen. Du fragst dich, wo – und wie – du je dazugehören wirst.

Denke an eine Person, zu der du aufschaust und die eine oder mehrere der Eigenschaften, die dich einzigartig machen, mit dir teilt. Male diese Person oder das, was diese Person trotz oder gerade aufgrund dieser Besonderheiten erreicht hat.

Wenn es dir wie mir geht und du ebenfalls Schwierigkeiten hast, ein Vorbild zu finden, das dir ähnlich sieht: Male dein ideales Vorbild (selbst wenn es die erfolgreichste Version deiner selbst ist – es ist in Ordnung, dein eigenes Vorbild zu sein).

MEIN VATER, DER wegen seiner Multiplen Sklerose einen unsicheren Gang hatte und eines seiner Beine nachzog, wurde unterwegs oft angestarrt. Dazu meinte er, mit einem Lächeln und einem Achselzucken: »Wenn du mit dir im Reinen bist, kann dir niemand ein schlechtes Gefühl vermitteln.«

Es war eine wunderbar einfache Maxime, und für ihn schien sie zu funktionieren. Mein Vater konnte so gut wie alles an sich abprallen lassen. Er war mit sich zufrieden, hatte ein gesundes Selbstwertgefühl und ruhte in sich, auch wenn er körperlich vielleicht bisweilen aus dem Gleichgewicht geriet. Ich weiß nicht genau, wie er an diesen Punkt gekommen ist oder welche Lektionen er auf dem Weg dorthin lernen musste, aber irgendwie hatte er herausgefunden, wie er sein Leben führen konnte, ohne sich um die Meinungen anderer zu kümmern. Man konnte diese innere Haltung schon von Weitem spüren, sie zog andere wie magisch an. Sie äußerte sich in einer gewissen Gelassenheit – und zwar nicht der Art Gelassenheit, die Privilegien oder Reichtum mit sich bringen, sie rührte von etwas anderem her. Es war Gelassenheit allen Widrigkeiten zum Trotz. Gelassenheit trotz Ungewissheit. Seine Gelassenheit kam von innen.

Durch sie fiel er auf, sie machte ihn auf genau die richtige Art sichtbar. Sie war der Quellcode für seine Stärke.

Er ließ Schmerz und Scham bewusst los, da sie ihm nichts nützen würden. Ihm war klar, welche besondere Macht er hatte, wenn er etwas an sich abprallen, gewisse Momente hinter sich lassen konnte. Er wusste um die bestehenden Ungerechtigkeiten, doch er weigerte sich, sich davon herunterziehen zu lassen, er akzeptierte, dass vieles davon außerhalb seiner Kontrolle lag.

Stattdessen schöpfte er sein Selbstwertgefühl aus dem, wer er war und was er hatte: Liebe, Gemeinschaft, Essen im Kühlschrank, zwei hochgewachsene und laute Kinder sowie Freunde, die regelmäßig vorbeikamen. Er sah diese Dinge als Erfolg an, sie waren sein Antrieb, weiterzumachen, der Beweis, dass er von Bedeutung war.

Dein Selbstbild ist von entscheidender Bedeutung. Es ist deine Grundlage, der Ausgangspunkt, von dem aus du die Welt um dich herum verändern kannst. Das habe ich von ihm gelernt. Die Sichtbarkeit meines Vaters half mir dabei, meine eigene zu finden. Welche Signale die Orte, in denen ich nicht willkommen war, auch aussandten – ich musste sie nicht annehmen. Ob mich die Menschen dort nun als anders wahrnahmen oder fanden, dass ich kein Recht hatte, dort zu sein, oder meine Anwesenheit als problematisch empfanden, selbst wenn diese Signale unterbewusst oder ungewollt ausgesandt wurden: Ich hatte eine Wahl. Ich konnte mein eigenes Leben, meine Handlungen für mich sprechen lassen. Ich konnte es immer wieder versuchen und weiterhin auf mein Ziel hinarbeiten. Dieses Gift war nicht meines.

Nimm dir einen Augenblick Zeit und denke über das Beispiel von meinem Vater nach. Schreibe auf, woraus du deinen eigenen Selbstwert schöpfen kannst, denke dabei daran, wer du bist und was du hast. Woraus besteht dein Fundament? ...

»Unabhängig davon, wie sehr du dich anstrengst und wie weit du es schaffst, es wird Menschen geben, die dir vorwerfen, du hättest es dir leicht gemacht oder es dir nicht verdient. Sie werden ein ganzes Arsenal an Formulierungen zur Hand haben – *positive Diskriminierung* oder *Stipendiat*in* oder *Quoten-Frau* oder *personelle Vielfalt* –, und sie werden sie voller Geringschätzung gegen dich verwenden. Die Botschaft ist nur allzu bekannt: *Meiner Meinung nach hast du dir das hier nicht verdient.*
Ich kann nur sagen: Hör nicht hin. Lass dieses Gift nicht an dich heran.«

MEIN EIGENES GEMÜT unterscheidet sich von dem meines Vaters. Ich kann manchmal weniger aushalten. Ich kann Ungerechtigkeit nicht mit dem gleichen Achselzucken abtun wie er, und das möchte ich vielleicht auch gar nicht können.

In meinem Memoir *Becoming* schrieb ich darüber, wie beiläufig meine Studienberaterin an der Highschool meine Ambitionen beiseiteschob. Nach nur zehn Minuten meinte sie, ich solle mir nicht die Mühe machen, mich in Princeton zu bewerben.

Ich war gekränkt und wütend, nicht nur ihre Worte waren niederschmetternd, sondern auch, wie vorschnell und gleichgültig sie ausgesprochen worden waren. Sie hatte mich angesehen, bewertet und absolut nichts von meinem inneren Licht, dem Licht, das jede*r von uns in sich trägt, erkannt. Jedenfalls fühlte es sich so an. Danach wurde mein Weg zumindest teilweise von dieser einen Äußerung geprägt, einem einzigen, leichtfertig dahingesagten Satz aus dem Mund einer vollkommen Fremden.

Wie viele unter uns stecken selbst nach Jahren noch in einer einseitigen Konversation mit jemandem fest, der oder die uns beleidigt oder herabgesetzt hat? Wir kehren immer und immer wieder zu diesen Momenten zurück, gehen die Geschichten unablässig durch und erobern uns mit aller Kraft unseren Stolz zurück. Diejenigen, die uns herabgesetzt haben, leben still an den Rändern unseres Bewusstseins zusammen mit all den anderen Beleidigungen und Widrigkeiten weiter – unsere Exzellenz hat sie schrumpfen lassen, genau wie die Antworten, die wir ihnen in unserem Kopf entgegengeschmettert haben. Sie werden nur aufgrund ihres Versagens erinnert. Für die Hindernisse, die sie uns in den Weg gelegt haben, damit wir sie überwinden können. Auf gewisse Weise lassen sie das Licht in uns nur noch heller strahlen, sie schreiben sich in unseren Quellcode ein, doch ihre einzige Funktion besteht darin, dass sie uns daran erinnern, weshalb wir weitermachen.

Du findest deine Werkzeuge, stellst dich auf die neue Situation ein und machst weiter. Du hältst durch, allen Widrigkeiten zum Trotz.

Schreibe über eine Situation, in der jemand nicht an dich und deine Fähigkeiten geglaubt oder versucht hat, dich kleinzuhalten, damit du in seine oder ihre ungerechtfertigten Vorannahmen passt. Wie hast du dich zu diesem Zeitpunkt gefühlt? Inwiefern hat es zu dem Quellcode beigetragen, der dich antreibt? ...

»Ich lernte, mein Anderssein mit positiveren Gefühlen zu verknüpfen. Das half mir, wenn ich einen neuen Raum betrat. Es war wie eine Art mentales Schulterstraffen. Ich konnte einen Moment innehalten und mir vergegenwärtigen, wer ich in meinem Zuhause und unter meinen Freund*innen in Wahrheit war. Mein Selbstwertgefühl kam von innen. Und das half mir, diese Stärke in einen neuen Raum hineinzutragen. Ich konnte die Geschichte der eigenen Irrelevanz umschreiben, in meinem eigenen Kopf, in Echtzeit und zu meinem eigenen Vorteil:

Ich bin groß, und das ist gut so.

Ich bin eine Frau, und das ist gut so.

Ich bin Schwarz, und das ist gut so.

Ich bin ich, und das ist eine sehr gute Sache.

Wenn du die Geschichte der eigenen Irrelevanz umschreibst, findest du zu einer neuen Mitte.«

Beginne damit, deine eigene Geschichte der Irrelevanz umzuschreiben. Was kannst du sagen, um deinen Selbstwert zu bestätigen und deine Mitte zu finden?

ICH BIN ...

....

UND DAS IST GUT SO.

ICH BIN ...

....

UND DAS IST GUT SO.

ICH BIN ...

....

UND DAS IST GUT SO.

ICH BIN ...

....

UND DAS IST GUT SO.

WOHER WEISST DU, wann es für dich sicher oder der richtige Zeitpunkt ist, sich zu öffnen und über die eigenen Besonderheiten zu sprechen? Wann lässt du andere an deinen Widrigkeiten teilhaben?

Die ersten Monate nach dem Erscheinen von *Becoming* erfüllten mich mit tiefer Demut. Ich war völlig überwältigt davon, wie viele Menschen zu meinen Lesungen und Veranstaltungen kamen und sich über unsere Gemeinsamkeiten austauschen wollten. Sie brachten ihre eigenen Lebensgeschichten mit. Sie öffneten ihre Herzen. Sie wussten, wie es war, ein Elternteil mit MS zu haben. Sie hatten Fehlgeburten erlitten, Freund*innen an den Krebs verloren. Sie wussten, wie es war, sich in jemanden zu verlieben, der das eigene Leben in völlig neue Bahnen lenkt. Indem ich meinen inneren Tresor öffnete und die Zeiten beleuchtete, in denen ich mich besonders verwundbar oder außer Kontrolle gefühlt hatte, fand ich mehr Gemeinschaft als je zuvor. An dieser Stelle sollte ich darauf hinweisen, dass ich mich innerlich stark und sicher fühlte, als ich in diese Lebensphase einging. Ich hatte das Weiße Haus hinter mir gelassen und musste nicht länger das politische Amt meines Mannes oder mein Land repräsentieren. Mit zunehmender Lebenserfahrung hatte ich zu mir selbst gefunden. Ich war bereit, meinen Lebensweg mit anderen zu teilen und ihnen zu erzählen, wie ich an diesen Punkt gekommen war.

Es kann sich grundsätzlich befreiend anfühlen, wenn wir ein bewusstes Risiko eingehen und etwas offenlegen, das wir bisher unter Verschluss gehalten haben. Du musst es nicht länger verstecken oder versuchen, das wettzumachen, was dich von den anderen Menschen in deinem Umfeld unterscheidet. Häufig führt das dazu, dass du die Teile deiner selbst, die du bisher ausgespart hast, nach und nach in dein Selbstwertgefühl integrierst. Es ist ein Mittel, mit dem du deinen eigenen Quellcode besser verstehen lernst, und anschließend teilst du ihn vielleicht mit anderen, damit sie dich besser verstehen können.

Für manche mag das ein sehr persönlicher Prozess sein, den sie womöglich mit der Hilfe eines*r Therapeuten*in oder Freundes*in durchlaufen und nur mit besonders engen Bezugspersonen teilen. Manchmal dauert es Jahre, bis der richtige Zeitpunkt und die richtigen Umstände zusammenkommen und man sich öffnen kann. Viele unter uns warten zu lang, bevor sie überhaupt den Versuch starten, sich mit ihrer eigenen Geschichte auseinanderzusetzen und sie in Worte zu fassen. Was wir mit anderen teilen, was wir von uns preisgeben und wann, ist nicht nur individuell, sondern auch äußerst kompliziert – eine oft heikle Frage des Timings, der Umstände und des sorgfältigen Abwägens. Es ist wichtig, immer wieder zu bedenken, was auf dem Spiel steht und wer von unserer Wahrheit erfährt. Hier gibt es keine allgemeingültige Faustregel.

Vor allem ist es wichtig, dass wir einen Zugang zu unserem inneren Tresor finden, damit wir einen Blick auf das werfen können, was wir dort unter Verschluss halten. Außerdem sollten wir darüber nachdenken, ob es uns etwas nützt, wenn wir es dort eingeschlossen halten.

Gibt es etwas, das du nicht mit anderen teilen wolltest oder willst? Weshalb war/ist das der Fall? Und falls du dich irgendwann doch entschieden hast, diese Sache mit einer anderen Person zu teilen: Was hat dich dazu bewogen, und was kam dabei heraus? ...

»Wenn sich eine Person entscheidet, den Vorhang zu lüften, und ihre vermeintlichen Makel, Umstände oder Leiden preisgibt, die traditionell als Schwäche angesehen werden könnten, legt sie oft den eigentlichen Quellcode für ihre eigene Beharrlichkeit und Stärke frei.«

EINIGE JAHRE NACHDEM ich das Weiße Haus verlassen hatte, bat mich meine langjährige persönliche Assistentin, die 2015 zu meinem Mitarbeiter*innenstab im Eastwing hinzugestoßen war, um ein Meeting unter vier Augen. Ich hatte furchtbare Angst, dass sie kündigen würde. Chynna war nicht nur ein integraler Bestandteil meines Lebens geworden, sie lag mir auch sehr am Herzen. Ihre Arbeit brachte es mit sich, dass wir praktisch permanent zusammen waren. Wir fuhren gemeinsam Auto. Im Flugzeug saßen wir nebeneinander. In Hotels hatten wir aneinander angrenzende Zimmer. Das viele gemeinsame Reisen hatte uns zusammengeschweißt.

Als wir uns also zusammensetzten, machte ich mich auf das Schlimmste gefasst, doch Chynna erzählte mir etwas ganz anderes: Ihr Vater war inhaftiert worden. Und zwar nicht vor Kurzem, sondern vor fünfundzwanzig Jahren, als sie noch ein Kind war.

Nachdem ich ihr zugehört hatte, erzählte ich Chynna, dass ich befürchtet hatte, sie wolle mich verlassen.

»Nein, Ma'am, keineswegs«, meinte Chynna. »Ich musste dir nur diese eine Sache erzählen. Ich hatte das Gefühl, es sei an der Zeit.«

Danach saßen wir noch eine Weile zusammen und unterhielten uns, wobei uns beiden klar wurde, wie wichtig »diese eine Sache« eigentlich war. Sie erklärte mir, sie habe ihr ganzes Leben lang aus Scham vermieden, anderen von der Inhaftierung ihres Vaters zu erzählen. Als wir an diesem Tag gemeinsam in meinem

Büro saßen, konnte ich ihr gar nicht oft genug versichern, wie vollkommen in Ordnung ihre Geschichte – ihre ganze Geschichte – für mich war. Ich war dankbar, dass sie sie mit mir geteilt hatte. Wenn überhaupt, hatte das meinen Respekt für Chynna und alles, was sie erreicht hatte, nur noch vergrößert. Heute meint Chynna, unser Gespräch habe damals etwas in ihr freigesetzt. Es half ihr dabei, einen Teil dieser Angst und das Gefühl, sie sei in ihrem Beruf in Wahrheit eine Hochstaplerin, abzulegen. In der Sicherheit unserer engen Beziehung, dank des Vertrauens, das wir mit der Zeit untereinander aufgebaut hatten, entschied sie sich, ihren inneren Tresor einen Spalt weit zu öffnen. Sie holte einen Teil ihrer Vergangenheit ans Licht, aufgrund dessen sie sich immer angreifbar gefühlt hatte, einen Teil ihrer ganz persönlichen Widrigkeiten, denen sie ihr Leben lang getrotzt hatte.

Chynna hatte diesen Teil ihrer Vergangenheit unter anderem deshalb so lang für sich behalten, weil sie annahm, sie sei ein Einzelfall. Regierungsstatistiken zeigen jedoch, dass mehr als fünf Millionen Kinder in den Vereinigten Staaten einen Elternteil haben, der eine Zeit lang im Gefängnis saß oder noch inhaftiert ist – sie war also mit ihrer Erfahrung weniger allein, als sie dachte.

Viele unter uns denken, sie seien ein Einzelfall, auch wenn das vielleicht gar nicht stimmt. Unser innerer Tresor kann uns einsam machen, uns von anderen fernhalten. Behalten wir das, was uns verwundbar macht, für uns, erfahren wir nie, wer da draußen unsere Erfahrungen vielleicht teilt, wer uns verstehen kann oder wem es womöglich helfen könnte, wenn wir uns nicht länger zurückhalten.

Fühlst du dich auf irgendeine Weise als Einzelfall? Nimm dir ein wenig Zeit und recherchiere einige Statistiken. Finde heraus, wie viele Menschen in deinem Land oder auf der Welt vielleicht etwas Ähnliches durchgemacht haben …

Was hast du herausgefunden? Wie weitverbreitet ist das, was du erlebst oder erlebt hast? ...

Fühlst du dich nun, da du weißt, wie viele Menschen deine Erfahrungen teilen, weniger isoliert? Wenn ja, warum? Wenn nicht, warum? ...

»Unsere Unterschiede sind Schätze und Werkzeuge zugleich. Sie sind nützlich, berechtigt, achtenswert, und es ist wichtig, dass wir sie teilen. Sobald wir das nicht nur für uns selbst, sondern auch in Bezug auf andere erkennen, schreiben wir mehr und mehr Lebensgeschichten um, die vorher als bedeutungslos galten. Damit wechseln wir die Paradigmen, wer dazugehört, und schaffen so für mehr Menschen Raum.

Schritt für Schritt bauen wir die Einsamkeit derjenigen ab, die nicht dazugehören.«

TEILE DEINEN QUELLCODE; *lerne deine Unterschiede schätzen. Sie sind wertvolle Mantras, doch ich kann dir nicht guten Gewissens raten, dich auf sie zu verlassen, bevor du dich nicht mit der Ungerechtigkeit auseinandergesetzt hast, die diesen Botschaften innewohnt. Die Arbeit des Sichtbarmachens ist kräftezehrend, und sie ist ungleich verteilt. Ehrlich gesagt ist rein gar nichts daran fair. Mir sind die Last der Repräsentation und die doppelten Maßstäbe für Exzellenz nur allzu vertraut. Sie machen den Hügel noch steiler, den so viele von uns versuchen hinaufzuklettern. Es ist und bleibt eine unschöne Tatsache, dass wir zu viel von denen verlangen, die marginalisiert werden, und zu wenig von denen, die es nicht sind.*

Behalte das also bitte im Hinterkopf, wenn ich dir sage: Sieh deine Hindernisse als Bausteine und deine Verletzlichkeit als Stärke. Ich sage das nicht leichtfertig. Nichts daran ist einfach.

Aus eigener Erfahrung weiß ich, dass ernsthafte Risiken bestehen und die Arbeit nie aufhört. Nicht nur das, viele unter uns sind bereits berechtigterweise müde, vorsichtig, besorgt, traurig oder haben Angst. Das bedeutet jedoch nicht, dass deine Arbeit umsonst ist. Deine Geschichte sollte dennoch erzählt werden.

Gibt es Bereiche in deinem Leben, in denen du das Gefühl hast, dass du die Last der Repräsentation und Exzellenz mehr als andere zu tragen hast? Wie fühlt sich das für dich an, und was tust du, um dich davon zu erholen? (Kannst du dich an dieser Stelle auf deine Kraft des Kleinen besinnen?) ...

»Du besitzt die Fähigkeiten, die du dir erarbeitet hast. Du kannst sie nicht mehr verlieren, und niemand kann sie dir wegnehmen.

Sie gehören dir, und du kannst sie jederzeit einsetzen.«

GEWOHNHEITSTRACKER | Ich bitte dich hier nicht darum, irgendwelche Gewohnheiten zu tracken. Die Werkzeuge und Übungen in diesem Abschnitt sind zu herausfordernd und persönlich. Womöglich wirst du mehr Zeit brauchen, um dein Leben wesentlich zu verändern. Das Verstehen deines Quellcodes, das Teilen deines Andersseins und die Aufgabe, anderen neue Wege der Zugehörigkeit zu eröffnen, all das sind Prozesse. Sie schreiten weder schnell voran, noch lassen sie sich auf die leichte Schulter nehmen. Dafür braucht es Arbeit und Anstrengung.

1		○○○○○○○○○
2		○○○○○○○○○
3		○○○○○○○○○
4		○○○○○○○○○
5		○○○○○○○○○
6		○○○○○○○○○
7		○○○○○○○○○
8		○○○○○○○○○
9		○○○○○○○○○
10		○○○○○○○○○

Kehre stattdessen zu deinen Listen zurück, in denen du eingetragen hast, was dich außergewöhnlich macht und wodurch du dich von anderen unterscheidest. Schaue dir noch einmal an, welche Dinge dir das Gefühl geben, ein Einzelfall zu sein. Trage sie hier ein, und fülle immer dann einen Kreis aus, wenn du etwas von diesen Eigenschaften oder Umständen mit jemandem geteilt hast. Ich wünsche dir, dass du mit der Zeit sehen kannst, wie sich diese Seiten füllen, und dir so die verbindende Kraft vor Augen geführt wird, die entsteht, wenn du deinen Quellcode mit anderen teilst.

WIR SIND ES einander schuldig, möglichst viele gemeinsame Plattformen aufzubauen, selbst wenn sie aus kleinen, vermeintlich unwichtigen Gemeinsamkeiten bestehen. Und selbst diese Plattformen werden uns unserem Ziel nur ein Stück näher bringen. Dieses Kapitel verlangt nicht von dir, dass du schamlos all deine Geheimnisse ausplauderst. Du brauchst keine große öffentliche Geste, du musst auch kein Buch veröffentlichen oder an einem Podcast teilnehmen. Es besteht absolut keine Notwendigkeit, deinen gesamten persönlichen Kummer oder jede deiner Meinungen preiszugeben. Vielleicht möchtest du auch eine Zeit lang einfach anderen zuhören. Dabei kannst du sehen, wie es sich anfühlt, wenn man der Wahrheit einer anderen Person wertschätzend begegnet. Denke daran, die Würde derjenigen zu schützen, die mutig genug sind, sich auf ehrliche Weise mitzuteilen. Gehe vertrauenswürdig und liebevoll mit den Menschen um, denen du begegnest, und bewahre ihre Geschichten. Bleibe vertraulich, vermeide Tratsch. Lies Bücher von Menschen, deren Lebensrealität sich von deiner unterscheidet, suche nach Narrativen, die dir neu sind. Durch sie und mit ihnen gemeinsam wirst du am Ende vielleicht mehr Raum für dich selbst schaffen.

Nichts kann das Schmerzliche am Menschsein endgültig beheben, aber ich bin überzeugt, dass wir es abschwächen können. Es beginnt, wenn wir weniger Angst davor haben, uns anderen mitzuteilen, wenn wir bereitwilliger zuhören – wenn die Gesamtheit deiner Geschichte auch meine Geschichte vollkommener werden lässt. Ich kenne dich ein wenig besser und du mich. Wir sind besser dran, wenn wir miteinander vertraut sind.

Da
SEIN

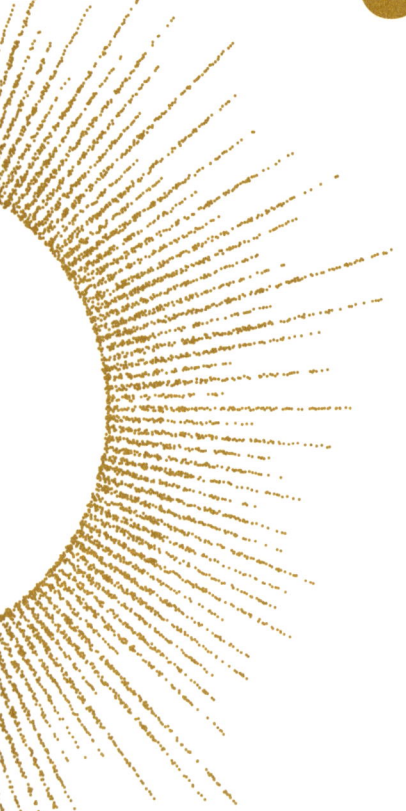

WIE WERDEN WIR zu Erwachsenen mit einem echten Erwachsenenalltag und ernsthaften Beziehungen? Es scheint ganz so, als ob das vor allem über beständiges Ausprobieren und Scheitern funktioniert. Indem wir schlicht suchen und versuchen. Viele unter uns finden mit der Zeit mehr und mehr heraus, was uns ausmacht, wer wir sind und was wir brauchen, um zurechtzukommen. Wir nähern uns dem Erwachsensein immer weiter an. Oft folgen wir dabei einer vagen Vorstellung davon, wie das Leben eines*r Erwachsenen auszusehen hat.

Wir üben und lernen, lernen und üben. Wir machen Fehler und beginnen wieder von vorn. Lange Zeit fühlt sich vieles davon wie ein Experiment an, unbeständig. Wir probieren unterschiedliche Haltungen, Ansätze, Einflüsse und Werkzeuge für unser Leben aus und verwerfen sie wieder. Bis wir, Schritt für Schritt, langsam besser verstehen lernen, was zu uns passt und was uns nützt.

Unsere Freundschaften und Beziehungen federn diese Unbeständigkeit ab; gleichzeitig sind auch unsere Freund*innen und Partner*innen auf der Suche, probieren sich aus und bringen ihre ganz eigene Unbeständigkeit mit. Dieses Kapitel wird dir Werkzeuge an die Hand geben, mit denen du herausfinden kannst, ob dir die Beziehungen in deinem Leben dienlich sind, außerdem wird es dir helfen, diese Beziehungen zu pflegen, damit sie dir im Gegenzug Energie und Kraft spenden können.

Ich nehme Freundschaften nicht auf die leichte Schulter. Für mich ist das Schließen und Aufrechterhalten von Freundschaften eine ernste Angelegenheit. Meine Freund*innen witzeln manchmal, ich könne eine gewisse militärische Strenge entwickeln, wenn es darum geht, in Kontakt zu bleiben. Sie bringen diese Beobachtung auf liebevolle Weise vor, mitunter begleitet von leichten Ermüdungserscheinungen. Und ich kann sie gut verstehen. Es stimmt, ich kann unnachgiebig sein, wenn es darum geht, mit denen, die mir wichtig sind, verbunden zu bleiben. Ich plane mit Inbrunst Freundschaftswochenenden, Verabredungen zum Tennis und gemeinsame Spaziergänge. Ich mag es, wenn ich mich auf etwas freuen kann, darauf, dass ich einen lieben Menschen bald wiedersehe. Für mich sind Freundschaften Verpflichtung und Rettungsanker zugleich, und so halte ich bewusst an ihnen fest. Vermutlich könnte man sagen, dass Elan zu einer meiner *Fünf Sprachen der Liebe* gehört.

Ich werde hier nicht die zehn Geheimnisse einer langen, glücklichen Ehe oder Freundschaft enthüllen. Ich habe immer versucht, den Leuten eine reale Sicht auf mein Leben mit Barack zu liefern, habe mir bewusst Mühe gegeben, den Mythos zu entkräften, mein Ehemann oder meine Ehe seien perfekt oder dass die Liebe ein locker-leichtes Unterfangen wäre. Ich habe darüber geschrieben, wie Barack und ich zur Paartherapie gingen – die wir auch dringend nötig hatten –, weil wir zunehmend gereizt aufeinander reagierten und uns langsam, aber sicher voneinander entfernten. Damals waren unsere Kinder noch klein, und wir fühlten uns beide am Limit. Ich habe Witze darüber gerissen, wie oft ich die Nase schon gestrichen voll hatte, darüber, wie ich wegen Kleinigkeiten lange einen Groll hegen kann, auch jetzt noch. Wahre Intimität kann sehr anstrengend sein; sie aufrechtzuerhalten, bedeutet auch, dass man eine gewisse Toleranz für Elan entwickelt, selbst wenn dieser nicht zu den eigenen *Fünf Sprachen der Liebe* gehört. Dennoch bleiben wir zusammen.

> **Bei unseren Freund*innen suchen wir nach der einfachen Bestätigung, dass wir wichtig sind, dass sie das Licht, das wir in uns tragen, erkennen, dass sie uns zuhören – und wir schulden ihnen dasselbe.**

Manchmal spreche ich mit jungen Leuten, die sich in der Kunst der Unverbindlichkeit und des »Coolbleibens« üben. Hierbei gehen sie einer wichtigen Tatsache aus dem Weg: Authentizität und Verletzlichkeit bilden die Grundlage für echte Intimität. Sie haben noch nicht verstanden, dass es in allen Formen von zwischenmenschlichen

Beziehungen Raum für Tiefe und Ehrlichkeit gibt. Sie verbringen ihre Zwanziger vielleicht mit belanglosen Bettgeschichten oder wollen schlicht unverbindlichen Spaß haben, dabei üben sie sich jedoch nicht in Verbundenheit oder guter Kommunikation. Sie erkennen nicht, dass es möglich ist, echte Gefühle und echte Verwundbarkeit zu zeigen. Und wenn es dann ernst wird, wenn sie sich eine Familie vorstellen können und sich niederlassen möchten, lernen sie diese Fähigkeiten plötzlich – oft hektisch – zum ersten Mal und alle auf einmal. Und erst dann merken sie, dass unverbindlich oder »cool« sie nicht weit bringen, wenn sie sich langfristig auf eine*n Partner*in oder eine*n enge*n Freund*in einlassen möchten.

Lockere Bekanntschaften und zwanglose Verbindungen können zwar für dein soziales Ökosystem wichtig sein, wenn du jedoch besser mit Schwierigkeiten aller Art fertigwerden möchtest, ist das wirklich Wichtige die Qualität deiner Freundschaften. Es ist gut, wenn du genau darauf achtest, wem du vertraust oder wen du nahe an dich heranlässt. Wenn ich neue Beziehungen eingehe, prüfe ich im Stillen, ob ich mich sicher fühle und ob ich gesehen und geschätzt werde. Bei unseren Freund*innen suchen wir nach der einfachen Bestätigung, dass wir wichtig sind, dass sie das Licht, das wir in uns tragen, erkennen, dass sie uns zuhören – und wir schulden ihnen dasselbe.

Die Menschen, die für uns da sind, erlauben es uns, unsere eigene Kraft des Kleinen aufzubauen und zu nähren; sie helfen uns dabei, die Dinge zu verstehen und zu verarbeiten, die uns Angst machen oder an denen wir uns abarbeiten. Sie schenken uns einen sicheren Ort, an dem wir ganz wir selbst sein können. Denn ob wir nun etwas feiern, mit etwas hadern oder uns schlichtweg gemeinsam durch unseren Alltag kämpfen, wichtig ist, dass wir langfristig füreinander da sind, mit Nähe, Verbundenheit, Kompromissen und sogar dann, wenn wir müde sind.

Für mich geht es immer um das Füreinander-da-sein.

Wirf einen Blick auf die Freundschaften und Beziehungen, die dir im Moment am wichtigsten sind. Welche Menschen sind das, welche Rolle spielen sie in deinem Leben, und seit wann kennst du sie?

....
... IST MEIN*E ...

....,
UND WIR HABEN UNS ...
KENNENGELERNT

....
... IST MEIN*E ...

....,
UND WIR HABEN UNS ...
KENNENGELERNT

....
... IST MEIN*E ...

....,
UND WIR HABEN UNS ...
KENNENGELERNT

....
... IST MEIN*E ...

....,
UND WIR HABEN UNS ...
KENNENGELERNT

... IST MEIN*E ...

....,

**UND WIR HABEN UNS ...
KENNENGELERNT**

... IST MEIN*E ...

....,

**UND WIR HABEN UNS ...
KENNENGELERNT**

... IST MEIN*E ...

....,

**UND WIR HABEN UNS ...
KENNENGELERNT**

... IST MEIN*E ...

....,

**UND WIR HABEN UNS ...
KENNENGELERNT**

ICH MÖCHTE MIR einen Moment nehmen, um über Einsamkeit zu sprechen. Viele Amerikaner*innen, viele Menschen generell, finden, dass ihrem Leben ein Gefühl der Zugehörigkeit fehlt. Das einfache Gefühl, mit anderen Menschen ein »Zuhause« zu teilen. Viele von uns sind auf der Suche nach diesem Gefühl. Doch es ist nicht einfach, es zu finden, das weiß ich. Viele Menschen schämen sich über ihre Einsamkeit, besonders in Kulturen, in denen Eigenverantwortlichkeit als eine nationale Tugend gilt. Wir wollen nicht hilfebedürftig oder unzureichend erscheinen oder zugeben, dass wir uns allein fühlen.

Bei einer Umfrage aus dem Jahr 2021 gab ein Drittel der amerikanischen Erwachsenen an, weniger als drei enge Freund*innen zu haben. Zwölf Prozent gaben an, überhaupt keine Freund*innen zu haben.[2] Wenn du dich auf den vorherigen Seiten also nicht wiederfinden konntest, hoffe ich, dass du jetzt weißt, dass du damit nicht allein bist. Atme tief ein, lass es sein, wie es ist, und bleib auf den letzten Seiten dieses Abschnitts bei mir. Ich glaube fest daran, dass man immer dort anfangen muss, wo man sich gerade befindet. Lass uns gemeinsam an einigen Hilfsmitteln und Praktiken arbeiten, die dir helfen könnten.

Jeder und jede von uns fühlt sich manchmal einsam. Welche Visionen einer idealen, weniger einsamen Zukunft hast du in Momenten der Einsamkeit? Welche Art von Beziehungen schwebt dir vor?

Welche Adjektive beschreiben die Art von Freundin oder Freund, die du sein möchtest? Kreise die zutreffenden Adjektive ein.

- LUSTIG
- PÜNKTLICH
- AKTIV
- EHRLICH
- MUTIG
- TRÖSTEND
- WITZIG
- ABENTEUERLICH
- ERNST
- INTROVERTIERT
- ALBERN
- SPONTAN
- FÜRSORGLICH
- RUHIG
- EXTROVERTIERT
- ZUVERLÄSSIG
- ORGANISIERT

»Ein Blick auf Instagram erweckt den Eindruck, dass alle um dich herum glücklich sind, geliebt werden und Erfolg haben – außer du. Eine authentische und reale Verbindung mit einem Menschen einzugehen, hilft, diesem Gefühl entgegenzuwirken. Solche Verbindungen öffnen uns dem wirklichen Leben hinter den gefilterten und kuratierten Online-Existenzen.«

VOR MEINEM LEBEN in der recht begrenzten Welt des Weißen Hauses hegte und pflegte ich die neuen Freundschaften, die überall in meinem Leben erblühten. Wenn ich bei der Arbeit, im Urlaub oder im Friseursalon einem interessanten Menschen begegnete, versuchte ich, Telefonnummern auszutauschen, um in Kontakt zu bleiben. Ich schlug vor, sich zum Mittagessen oder mit den Kindern auf dem Spielplatz zu verabreden.

Junge Menschen erzählen mir heute häufig, dass genau dieser Moment sie verunsichert und ängstigt. Der entscheidende Augenblick also, in dem aus einem *Schön war's!* ein *Hey, wollen wir uns verabreden?* wird. Sie sagen, dass es ihnen unangenehm ist, einer möglichen neuen Freundschaft hinterherzulaufen. Sie wollen nicht zu eifrig und dadurch uncool wirken. Sie fürchten sich vor dem Risiko und einer möglichen Zurückweisung. So schränken sie sich durch diese Ängste selbst ein.

Freundschaften brauchen einen Zündungsmoment. Zwei Menschen müssen neugierig aufeinander zugehen, und ich bin der festen Überzeugung, dass wir uns für diesen Schritt niemals schämen sollten. Interesse an einem anderen Menschen zu zeigen, schafft Freude, und Freude bereichert. Ja, es kann sich komisch anfühlen, jemandem, den du gerade zum ersten Mal getroffen hast, zu sagen, dass du dich freuen würdest, sie oder ihn wiederzusehen. Aber wenn diese Person dann tatsächlich auftaucht, ist die Freude groß und ein Geschenk für euch beide. Du findest dein Licht in einem anderen Menschen, gemeinsam erschafft ihr etwas: ein Gefühl der Zugehörigkeit.

Denk an alltägliche Momente, in denen du die Chance auf eine echte Verbindung mit einem Menschen verpasst. Hörst du bei Spaziergängen Musik oder Podcasts? Scrollst du im Wartezimmer deiner Zahnärztin durch die sozialen Medien? Verlässt du deinen Sportkurs eilig zu deiner nächsten Verabredung, ohne dich den anderen Teilnehmenden vorzustellen? Schreib auf, was du normalerweise tust und was du an deinem Verhalten ändern könntest, um dich anderen Menschen mehr zu öffnen:

Moment 1

Anstatt:

öffne ich mich, indem ich:

Moment 2

Anstatt:

öffne ich mich, indem ich:

Moment 3

Anstatt:

öffne ich mich, indem ich:

Moment 4

Anstatt:

öffne ich mich, indem ich:

EIN ERSTES TREFFEN

mit einem*r möglichen neuen Freund*in hat viele Ähnlichkeiten mit einem ersten Date. Bei beiden wirst du sicher etwas nervös sein. Wie kannst du das Treffen gestalten, um unnötigen Stress zu vermeiden? Gibt es Aktivitäten, die du schon immer tun wolltest und auf die du dich besonders freust? Kennst du ein gemütliches Restaurant oder ein Café, in dem ihr euch treffen könntet?

Zeichne die ideale Aktivität oder das perfekte Setting, durch das du dich bei eurem ersten Treffen von deiner besten Seite zeigen kannst!

FÜR MICH MÜSSEN Freundschaften langsam wachsen. Als würde man im Auto sitzen und das Fenster herunterkurbeln, um mit einem unbekannten Menschen zu sprechen. Anfangs sprecht ihr durch eine wenige Zentimeter breite Öffnung – ein bisschen vorsichtig und zurückhaltend. Wenn du dich sicherer und gehört fühlst, lässt du das Fenster etwas weiter herunter und teilst mehr von dir selbst. Und wenn das sich gut anfühlt, öffnest du es noch weiter, bis das Fenster irgendwann ganz unten ist, du die Autotür öffnest und plötzlich nichts mehr zwischen euch steht, außer frischer Luft.

Die einfache Wahrheit ist, dass man bei neuen Freundschaften ein Risiko eingehen muss, was natürlich bedeutet, dass man seine Ängste herunterschlucken muss. Beginnende Freundschaften sind ein emotionales Wagnis, genau wie erste Dates. Es ist wichtig, dass du dich öffnest, damit es funktioniert. Und wenn du dich öffnest, besteht immer die Gefahr der Zurückweisung. Es ist wichtig, die bestehende Möglichkeit zu akzeptieren, dass du aus welchen Gründen auch immer keine Freundschaft mit diesem Menschen schließen wirst.

Besonders während meiner Zeit als First Lady fiel es mir nicht gerade leicht, meinen Schutzwall zu überwinden, wenn ein neuer Mensch in mein Leben trat. Aber ich wusste, was passieren würde, wenn ich es nicht tat. Ich wusste, dass ich mich isoliert, ein bisschen paranoid und an einem Ort gefangen fühlen würde, der nur wenig Ausblick auf die Welt jenseits meiner Schutzwälle zulassen würde. Ich musste meine Ängste überwinden und mich neuen Freundschaften und Menschen öffnen, um normal am Leben meiner Kinder teilhaben zu können. Sonst würde ich mich auf Schulveranstaltungen und Dinnerpartys nicht mehr wohlfühlen. Menschen würden mich meiden. Und wie sollte ich unter solchen Umständen eine gute First Lady sein? Offen gegenüber anderen Menschen zu bleiben, war für mich ein Teil dieses neuen Jobs.

Gleichzeitig war ich während meiner Zeit im Weißen Haus kein besonders einfach zu erreichender Mensch. Jahre später, als wir darüber lachen konnten, erzählte mir eine Freundin, die ich zu dieser Zeit kennengelernt hatte, dass sie ihr Auto waschen ließ, bevor sie ihr Kind von einer Spielverabredung mit meiner Tochter abholte, weil sie wusste, dass sie die Zugangsstraße entlang des riesigen Südrasens vor dem Weißen Haus entlangfahren musste. Sie ging auch zum Friseur. Und ins Nagelstudio. Obgleich sie genau wusste, dass es ihr streng untersagt war, das Auto zu verlassen.

Ich weiß nicht, ab wann meine Freundin nicht mehr das Gefühl hatte, ihr Auto waschen und ihre Haare stylen zu müssen, bevor sie mich besuchte. Irgendwann jedenfalls achteten wir nicht mehr darauf, wie wir aussahen oder was für einen Eindruck wir machten. Wir bauten eine echte Beziehung auf, ließen Nervosität und Erwartungen hinter uns und waren froh, die Schuhe auszuziehen und uns gemütlich auf die Couch zu setzen. Jedes Mal, wenn wir uns trafen, kamen wir uns ein bisschen näher, lachten mehr und sprachen mehr über unsere Gefühle. Das Risiko nahm ab. Ich fühlte mich sicher mit ihr, und sie fühlte sich sicher mit mir. Wir waren Freundinnen und blieben es für immer.

Gibt es etwas, was du bei neuen Freundschaften oder ersten Dates tust und das du später, wenn ihr euch besser kennt und sicherer miteinander fühlt, wieder sein lässt? Wie fühlt es sich an, dieses Stadium einer Beziehung erreicht zu haben?

Was haben Menschen, die neu in dein Leben getreten sind, aufgegeben, sobald sie sich dir geöffnet haben?

»Meine echten Freund*innen wissen, wie ich ohne Make-up, in schlechtem Licht und aus unvorteilhaften Winkeln aussehe. Sie haben mich auch gesehen, wenn es drunter und drüber geht. Wahrscheinlich wissen sie sogar, wie meine Füße riechen.

Wichtiger aber ist, dass sie meine wahren Gefühle und mein wahres Ich kennen – und ich ihres.«

NEBEN DEN EINS-ZU-EINS-, den persönlichen Beziehungen in meinem Leben, spreche ich beim Thema Freundschaften auch gerne von meinem »Küchentisch«. An meinem Küchentisch sitzen alle Menschen, für die ich da bin und die für mich da sind. Es ist ein sicherer Hafen, ein Ort der Ruhe im Sturm. Hier kannst du eine Pause von den endlosen Aufgaben und alltäglichen Herausforderungen einlegen und dich in einem sicheren Rahmen mit den unzähligen Demütigungen auseinandersetzen, die jeden Tag auf dich einprasseln. Hier kannst du schreien, rufen, fluchen und weinen. Hier kannst du deine Wunden lecken und deine Batterien wieder aufladen. An deinem Küchentisch findest du den nötigen Sauerstoff, um wieder atmen zu können.

Es gibt nicht den einen Menschen oder die eine Beziehung, die alle deine Bedürfnisse erfüllen wird. Nicht jede Freundin kann dir Tag für Tag Sicherheit geben. Nicht jeder Freund kann oder will immer genau dann an deiner Seite stehen, wenn du es brauchst. Genau darum ist es so wichtig, an deinem Küchentisch immer wieder Raum zu schaffen und für neue Freundschaften offen zu bleiben. Es wird kein Moment kommen, an dem du sie nicht mehr brauchst. Du wirst nie aufhören, von ihnen zu lernen. Das kann ich dir versprechen.

Wer ein guter Freund oder eine gute Freundin sein will, muss sein Gegenüber in seiner Einzigartigkeit anerkennen und wertschätzen. Das bedeutet manchmal auch, nichts von einem Freund oder einer Freundin zu erwarten, was er oder sie nicht leisten kann. Ich habe sportliche Freund*innen, die Bergwanderungen machen und gerne verreisen, und andere, die sich lieber mit einer Tasse Tee auf die Couch setzen. Manche von ihnen rufe ich in Krisenmomenten an, andere nicht. Manche Freund*innen geben mir ihren Rat; andere muntern mich mit Geschichten aus ihrem Dating-Leben auf. Manche tun nichts lieber, als die Nacht durchzutanzen; andere legen sich jeden Tag um Punkt 21 Uhr ins Bett. Ich habe Freund*innen, die sich an jeden Geburtstag erinnern, und andere, die wichtige Daten schon mal vergessen, aber mir aufmerksam zuhören, wenn ich es brauche. Wichtig ist, dass ich sie alle verstehe und wertschätze – und sie mich auch. Sie tauchen zu unterschiedlichen Mahlzeiten auf, aber sie alle haben ihren eigenen Platz an meinem Küchentisch.

Im Laufe der Zeit sind sich auch einige meiner Freund*innen untereinander nahegekommen, auch weil ich immer wieder versuche, uns alle als Gruppe zusammenzubringen. Gemeinsam sind wir ein Kreis von Menschen, die einander Gutes wünschen, eine Gruppe, in der wir uns immer über die Erfolge der anderen freuen. Wir sprechen über unsere Siege und Schwierigkeiten. Wir durchstehen schwierige Zeiten und pushen einander liebevoll, indem wir uns gegenseitig ermutigen und genau zuhören. Mit meinen Freund*innen gibt es immer etwas zu besprechen. Wir alle sind Gäste an den Tischen der anderen und teilen das Privileg von Nähe und Ehrlichkeit.

Zeichne, was die wichtigen Beziehungen in deinem Leben an deinen Küchentisch mitbringen! Wie sehen ihre Tischsets aus, was haben sie zum Essen mitgebracht, was haben sie an? Versuche, ein authentisches Bild deines Küchentischs zu zeichnen:

»Das Leben hat mich gelehrt, dass starke Freundschaften meist aus starken Absichten erwachsen. Dein Tisch muss bewusst geformt und gepflegt werden. Du musst deinen Gästen nicht nur zeigen, dass du neugierig auf sie bist, sondern auch Zeit und Energie investieren. Nur wenn du eure Freundschaft vor andere Dinge stellst, die deine Aufmerksamkeit einnehmen, wird eure Freundschaft wachsen.

Rituale und Routinen in einer Freundschaft helfen – ein wöchentlicher Kaffee, ein monatlicher Cocktail, ein jährliches Treffen.«

Welche Rituale könnten dir und deinen Freund*innen dabei helfen, füreinander da zu sein? Habt ihr bereits welche, und falls ja, wie helfen sie euch?

VOR EINIGEN JAHREN postete Tracee Ellis Ross, eine Schauspielerin der Serie *Black-ish*, auf Facebook einen berührenden Text über ihre Freundschaft mit der Modejournalistin Samira Nasr. Sie beschrieb, wie die beiden sich während ihrer Arbeit für ein Modemagazin kennen- und mögen gelernt hatten. Tracee hatte Samira auf der anderen Seite des Raumes gesehen und gedacht: Sie hat Haare wie ich ... Wir könnten Freundinnen sein. Und sie sollte recht behalten: Die beiden sind seit über fünfundzwanzig Jahren beste Freundinnen. »Ohne sie wäre mein Leben nichts«, schrieb Tracee in ihrem Post, »Ich hänge wie eine Seepocke an ihrem Leben.«

Eine wunderschöne Art und Weise, es auszudrücken, finde ich. Ich würde es so sagen: Meine Freund*innen bringen Licht in mein Leben. Wenn du schon mal am Meer warst und gesehen hast, wie sich diese faustgroßen, gepanzerten Krebstiere an Unterwasserfelsen und Boote schmiegen, weißt du, dass nichts robuster und starrköpfiger ist als eine Seepocke. Und genau das zeichnet auch gute Freundschaften aus. Wenn du Glück hast, hängen sich einige an dein Leben. Menschen, die unerschütterlich an deiner Seite stehen. Freund*innen, die dich akzeptieren, wie du bist, immer für dich da sind und dir Freude bereiten – nicht nur für ein Semester oder die zwei Jahre, die ihr in der gleichen Stadt wohnt, sondern viele Jahre lang. Seepocken sind auch nicht eitel – eine weitere Gemeinsamkeit mit einer guten Freund*in. Sie wollen sich nicht mit anderen messen und vergleichen. Das Entscheidende passiert hinter der Bühne.

Wer ist eine Seepocke in deinem Leben? Denk darüber nach, wie diese Beziehung sich seit ihren ersten Tagen zu der zuverlässigen, unerschütterlichen Freundschaft entwickelt hat, die sie heute ist. Was kannst du aus dieser Beziehung für zukünftige Freundschaften lernen?

Auf welche Weise sind deine Freund*innen für dich da gewesen?

Auf welche Weise bist du für deine Freund*innen da gewesen?

MENSCHEN SIND NICHT nur für ihre Freund*innen da, sondern auch für ihre Liebesbeziehungen. Und viele Menschen fragen mich um Rat. Sie fragen mich: Wie erkenne ich, dass ich den Richtigen oder die Richtige gefunden habe? Ist es schlimm, dass ich meinen Partner oder meine Partnerin manchmal nicht ausstehen kann? Wie kann ich lernen, jemanden zu lieben, wenn meine Eltern kein gutes Vorbild waren? Wie soll ich mich bei Konflikten und Streit verhalten?

Viele sprechen mich auf Fotos von Barack und mir an, auf denen wir lachen, uns in die Augen sehen und uns augenscheinlich wohl miteinander fühlen. Sie sehen, dass wir uns nahestehen. Sie fragen, wie wir es geschafft haben, dreißig Jahre lang glücklich verheiratet zu sein. Und ich möchte antworten: *Manchmal können wir es selbst gar nicht glauben!* Wirklich, ich meine es ernst. Natürlich haben wir unsere Probleme, aber ich liebe diesen Mann, und er liebt mich, früher, jetzt und anscheinend für immer.

Die Wahrheit ist, dass ich keine Antwort auf diese Fragen habe. Es gibt kein Rezept, das sich auf alle Menschen generell übertragen ließe. Die einzige Liebesgeschichte, die ich kenne, ist die meines Lebens. Deine wird ganz anders aussehen als meine, genau wie auch dein Begriff von einem Zuhause und von Freundschaft sich von meinem unterscheiden wird.

Die meisten von uns lernen erst mit der Zeit, was sie in Liebesbeziehungen brauchen und was sie selbst geben können. Wir üben. Wir lernen. Wir machen Fehler. Wir entwickeln manchmal schlechte Gewohnheiten. Viele von uns lassen sich in frühen Jahren in die falsche Richtung treiben. Wir denken zu viel nach und verschwenden unsere Energien. Manchmal folgen wir schlechten Ratschlägen und ignorieren die guten. Wir werden verletzt und ziehen uns zurück. Wir bauen einen Schutzwall. Wir greifen an, wenn wir provoziert werden, und ziehen uns beschämt zurück.

Es kann auch sein, dass du beschließt, als Single ein absolut glückliches und erfülltes Leben zu leben. In diesem Fall solltest du stolz auf deine völlig berechtigte und selbstbewusste Entscheidung sein.

Viele von uns werden unbewusst die Beziehungen nachahmen, die wir aus unserer Kindheit kennen – wie auch immer diese aussahen. Und das kann wundervoll oder schrecklich sein – aber meist ist es irgendetwas dazwischen. Wirkliche und lang anhaltende Liebe geschieht immer im Dazwischen, glaube ich. Gemeinsam gebt ihr eine Antwort auf die Frage: *Wer sind wir, und wer wollen wir sein?*

Eines kann ich aus meinem eigenen Beziehungsleben festhalten: Wie in Freundschaften ist es das Wichtigste, füreinander da zu sein. Neugierig zu bleiben. Sich Zeit zu nehmen. So für deinen Partner oder deine Partnerin da zu sein, wie du es dir von ihm oder ihr wünschen würdest.

Wenn du dich auf ein Leben mit einem anderen Menschen einlässt, wirst du mit dieser Entscheidung leben. Du wirst dich immer wieder aktiv dafür entscheiden müssen, zu bleiben, anstatt wegzulaufen. Eine fast unmögliche Aufgabe, wenn man mal darüber nachdenkt. Und es klappt auch nicht immer. (Und das soll es auch nicht: Wenn dein Partner oder deine Partnerin dich verletzt, ist es Zeit, die Beziehung zu beenden.) Aber wenn es dann doch funktioniert, kann es sich wie ein wirkliches Wunder anfühlen – und ein solches Wunder ist die Liebe ja auch. Und genau darum geht es. Jede Langzeitbeziehung ist in Wirklichkeit ein Akt des Glaubens.

Meine Liebe zu Barack ist nicht perfekt, aber sie ist echt, und wir glauben an sie. Das ist es, was die Menschen in diesen Fotos sehen: diesen kleinen Triumph, zu wissen, dass wir, obwohl wir mehr als die Hälfte unserer Leben zusammen verbracht haben und obwohl wir uns manchmal streiten und sehr unterschiedlich sind, zusammengeblieben sind. Wir sind noch hier. *Wir bleiben.*

Wenn du in einer Beziehung bist oder gerne eine eingehen würdest:
Welche Eigenschaften sollte die andere Person unbedingt besitzen?
Würdest du die gleichen Adjektive benutzen, die du zuvor benutzt hast,
um einen Freund oder eine Freundin zu beschreiben?

IN MEINER EHE *haben wir lange gebraucht, um zu lernen, mit unseren Meinungsverschiedenheiten umzugehen. Barack ist der Typ Mensch, der für alles auf der Stelle eine Lösung finden will. Sobald ein Beziehungsproblem auftaucht, will er sofort darüber sprechen. Ich bin das genaue Gegenteil: Ich koche zuerst vor Wut über und muss mich dann erst langsam wieder zur Vernunft bringen. Manchmal explodiert mein Gehirn zu Beginn eines Konflikts. Dann ist es unmöglich, mit mir rational über das Für und Wider unserer Positionen zu diskutieren.*

Wir mussten lernen, unsere jeweiligen Lebensgeschichten, Bedürfnisse und Charaktere zu berücksichtigen. Barack hat gelernt, mir mehr Raum und Zeit zu geben, um herunterzufahren und meine Gefühle langsam zu verarbeiten. Denn er weiß, dass mir auch in meiner Kindheit dieser Raum und diese Zeit gelassen wurde. Ich dagegen habe gelernt, meine Gefühle effektiver zu verarbeiten. Und ich versuche, das Problem nicht zu lange mit mir herumzutragen, weil ich weiß, dass er dazu erzogen wurde, Probleme sofort anzupacken.

Was ist deine Art zu argumentieren? Brauchst du Zeit, um herunterzukommen, und gehst du die Dinge langsamer an? Oder liegt dir viel daran, sofort eine Lösung für alles zu finden? Wie argumentiert dein (Ex-)Partner oder deine (Ex-)Partnerin? Wie deine beste Freundin oder dein bester Freund?

	ZEIT, UM HERUNTERZUKOMMEN	PROBLEME AUF DER STELLE LÖSEN
1		
2		
3		
4		
5		
6		
7		

Wie kannst du Konflikte mit anderen Menschen auf eine Weise lösen, die Rücksicht auf diese beiden Arten zu argumentieren nimmt?

1	
2	
3	
4	
5	
6	
7	

Führt jemand in deinem Leben eine Beziehung, die du bewunderst und die du dir auch für dich selbst wünschst? Warum bewunderst du diese Beziehung, und was an ihr würdest du ändern? (Denk daran, dass es hier nicht darum geht, andere zu verurteilen, und dass du natürlich nicht alles über das Privatleben anderer wissen kannst. Aber positive Beispiele können uns helfen, besser füreinander da zu sein und zu verstehen, welche Werte dir selbst wichtig sind.)

Denk an deine aktuelle Beziehung, vergangene Beziehungen, enge Freundschaften oder dir nahestehende Familienmitglieder. Gab es Zeiten, in denen du nicht so gut für sie da warst, wie du es hättest sein können? Was würdest du heute anders machen?

GEWOHNHEITSTRACKER | Notiere, auf welche Weisen du für alte und neue Freund*innen, Partner*innen und Familienmitglieder da gewesen bist – und füge deine eigenen Rituale und Praktiken hinzu, die dich mit den Menschen in deinem Leben in Verbindung bleiben lassen:

1	Ein Gespräch mit einer möglichen neuen Freund*in geführt:	○○○○○○○○○
2	An einem Freundschaftsritual teilgenommen (wöchentlicher Kaffee, monatliches Abendessen, etc.):	○○○○○○○○○
3	Über meinen Schatten gesprungen, um mein*e Freund*in oder meine*n Partner*in zu überraschen:	○○○○○○○○○
4	Mich einem anderen Menschen geöffnet:	○○○○○○○○○
5	Während eines Streits versucht, die Perspektive meines Gegenübers zu verstehen:	○○○○○○○○○
6		○○○○○○○○○
7		○○○○○○○○○
8		○○○○○○○○○
9		○○○○○○○○○
10		○○○○○○○○○
11		○○○○○○○○○
12		○○○○○○○○○

»SEHT ZU, DASS ihr im Leben nicht allein seid«, sage ich immer zu meinen Töchtern. Besonders für Menschen, die anders sind, sind Räume, in denen sie sich sicher und zu Hause fühlen können, überlebenswichtig. Man muss Menschen finden, bei denen man seinen Schutzschild fallen lassen und ganz man selbst sein kann. Unseren engsten Freund*innen können wir all das sagen, was wir anderswo für uns behalten mussten. Wir können unsere Wut und unsere Angst vor Unrecht und Beleidigung zeigen. Denn man kann nicht alles für sich behalten. Wir können die Schwierigkeiten unseres Andersseins nicht allein bewältigen.

Ich bin fest davon überzeugt, dass du in deinem Leben weiterkommst, wenn du zumindest ein paar starke Freundschaften hast, in die deine Freund*innen und du viel Zeit und Energie investiert. Und wie in jeder wahren Beziehung, gibt es kein Richtig und kein Falsch in der Gestaltung des Miteinanders. Es gibt keine festen Partnerschaftsregeln, die man befolgen könnte, weil die Menschen nun einmal sehr unterschiedlich sind. Wir müssen unseren Weg also gemeinsam finden, Tag für Tag und Jahr für Jahr. Es ist ein Geben und Nehmen, bei dem wir aus den tiefen Quellen der Geduld schöpfen müssen, um einander besser zu verstehen.

Solange du für die oder den anderen da bist und dich ein bisschen verletzlich zeigst, werden die Menschen um dich herum dich bereichern und dir Sicherheit geben, solange du offen bleibst und es wagst, ihnen die Fühler der Neugierde entgegenzustrecken. Deine Freund*innen und Partner*innen werden zu einem Ökosystem – dein Küchentisch, die Seepocken deines Lebens –, und indem wir füreinander da sind, erkennen wir einander an.

Kinder auf
IHREM GUTEN WEG

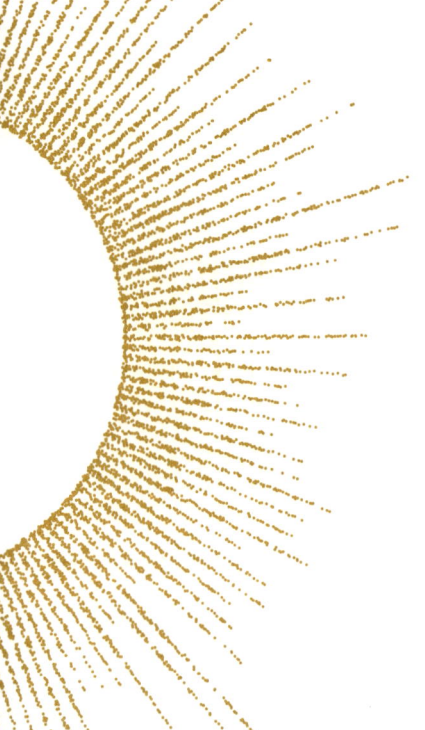

FÜR SEINE KINDER zu sorgen und sie aufwachsen zu sehen, ist eine der größten Bereicherungen, die es auf dieser Erde gibt – aber manchmal machen sie einen auch verrückt. Wenn du für das Leben eines Kindes verantwortlich bist, kennst du sicher die Ängste und Sorgen, die schlaflosen Nächte, in denen du dir deinen Kopf über deine Kinder zerbrichst. Der immer wiederkehrende, verzweifelte Gedanke, dass du nicht genug für sie getan hast oder dass du alles falsch gemacht hast und dass sie nun den Preis für deine Fehlentscheidungen zahlen müssen.

> **Ich hatte über die Jahre eine Geheimwaffe gegen elterliche Ängste, und zwar meine eigene Mutter. Sie war mein sicherer Hafen, mein Buddha, eine ruhige und vorurteilsfreie Beobachterin meiner zahlreichen Fehler – und somit auch eine überlebenswichtige Quelle der Vernunft.**

Viele von uns werden von solchen Gefühlen gnadenlos überrollt, von dem Moment an, an dem wir diese perfekten, kleinen Wesen zum ersten Mal in Händen halten und denken: *Bitte, o bitte lass mich keinen Fehler machen.*

Das furchtsame Ich, meine alte Freundin, gedieh in diesen Elternängsten und überschüttete mich mit Zweifeln und Schuldgefühlen. (Habe ich schon erwähnt, dass das furchtsame Ich Kinder liebt? Es kennt deine Schwächen und wird sich auf sie stürzen.)

Es ist genau wie bei der Ehe und Partnerschaften: Unsere Fantasie ist voll von kulturell geprägten Vorstellungen darüber, was es bedeutet, Eltern zu sein – und die Realität wird dem selten gerecht. Mütter treffen die Gefühle des Nicht-genug-Seins meist besonders hart. Die Bilder mütterlicher Perfektion, denen wir in der Werbung und in den sozialen Medien begegnen, sind genauso unecht wie die idealisierten und mit Photoshop bearbeiteten Bilder weiblicher Körper – mager, gestählt und operiert –, die so häufig als gesellschaftlicher Goldstandard der Schönheit dargestellt werden. Und wir glauben daran und streben nicht nur nach dem perfekten Körper, sondern auch nach den perfekten Kindern und der perfekten Work-Life-Balance, nach perfekten Familienerlebnissen und einer perfekten Geduld und Ruhe, obwohl niemand von uns – wirklich niemand – diesem Ideal je entsprechen wird. Diese Künstlichkeit ruft starke Zweifel hervor. Es ist schwer, sich als Mutter nicht umzublicken und zu denken: *Machen es wirklich alle besser als ich?*

Ich hatte über die Jahre eine Geheimwaffe gegen elterliche Ängste, und zwar meine eigene Mutter. Sie war mein sicherer Hafen, mein Buddha, eine ruhige und vorurteilsfreie Beobachterin meiner zahlreichen Fehler – und somit auch eine überlebenswichtige Quelle der Vernunft. Sie half mir, mich zu erden.

Sie war eine aktive Zuhörerin, die meine Ängste vertrieb und mich in die Schranken wies, wenn ich es mit meinen Sorgen übertrieb.

Sie sagte mir, dass es wichtig ist, bei Kindern immer das Beste anzunehmen – und dass es besser ist, wenn sie sich bemühen, den eigenen Erwartungen zu entsprechen, als wenn sie von elterlichen Sorgen und Ängsten niedergedrückt werden. Meine Mom sagte immer, man solle Kindern Vertrauen entgegenbringen, anstatt sie zu zwingen, es sich zu verdienen.

Sie schaffte es immer, mich mit wenigen Worten zu zentrieren. »Mit den Mädchen ist alles in Ordnung«, sagte sie immer achselzuckend. »Sie probieren sich halt aus.«

Damit teilte sie mir mit, dass auch ich in Ordnung war, dass ich mich beruhigen und meinen eigenen Urteilen vertrauen konnte. Das war es, was meine Mom mir beibringen wollte. Sie gab mir die Erlaubnis, einige ihrer Werkzeuge und Hilfsmittel in diesem Abschnitt mit dir zu teilen, aber nur mit der folgenden Warnung, die von ihr höchstpersönlich stammt: »Aber sag ihnen, dass ich niemandem vorschreiben möchte, wie er oder sie zu leben hat.«

»Am Ende werden deine Kinder zu den Menschen, die sie sein sollten. Sie werden ihren eigenen Weg gehen. Du wirst ihre Zukunft nicht kontrollieren können. Du kannst sie nicht vollständig vor Unglück bewahren. Du kannst nicht verhindern, dass sie auch schwierige Zeiten erleben werden. Was du deinen Kindern mitgeben kannst – was wir wirklich allen Kindern mitgeben sollten –, ist das Gefühl, gehört und gesehen zu werden, die Fähigkeit, rationale und wertbasierte Entscheidungen zu treffen, und das Wissen darüber, dass wir uns unendlich darüber freuen, dass sie da sind.«

Welche Regeln gab es in deiner Familie?
Wie ist es dir mit ihnen ergangen?

Hat sich deine Perspektive auf diese Regeln als erwachsene Person geändert? Was könntest du aus ihnen gelernt haben?

Unabhängig davon, ob du selbst Kinder hast:
Welche Regeln sollten für alle Kinder gelten?

Regel 1

Regel 2

Regel 3

Regel 4

Regel 5

Regel 6

Regel 7

Regel 8

Regel 9

Regel 10

Wähle vier der auf den vorherigen Seiten aufgelisteten Regeln aus. Schreibe in jedes der weißen Felder, was du als Kind von ihnen gehalten hättest. Hättest du sie gerne befolgt oder dich gegen sie gewehrt?

Bei Regel #_____ ,

hätte ich:

Bei Regel #_____ ,

hätte ich:

Bei Regel #_____ ,

hätte ich:

Bei Regel #_____ ,

hätte ich:

MEINE MUTTER WUCHS in einem äußerst geordneten Haushalt auf – meine Großmutter Rebecca war stolz auf ihr ordentliches Haus, ihren makellosen Wohnzimmertisch aus Glas und ihre Kinder, die man sah, bevor man sie hörte. Aber in meiner Mutter sträubte sich immer etwas gegen dieses enge Leben, und so führte sie ihren eigenen Haushalt später ganz anders. Zu Hause durften Craig und ich ganz wir selbst sein. Craig war von Natur aus fürsorglich und machte sich manchmal etwas viel Sorgen. Ich war temperamentvoll und unabhängig. Unsere Eltern sahen unsere Unterschiede und behandelten uns ihnen entsprechend. Sie förderten unsere jeweiligen Stärken und holten das Beste aus uns heraus, anstatt zu versuchen, uns in irgendwelche vorgefertigten Schubladen zu stecken.

Ich habe bei meiner Erziehungsarbeit mit Sasha und Malia versucht, diesem Ansatz zu folgen. Beide sollten sich gesehen *und* gehört fühlen – sie sollten jederzeit ihre Gedanken laut aussprechen, sich ausleben können, und sie sollten in ihrem eigenen Zuhause ganz sie selbst sein dürfen. Barack und ich legten ein paar grundlegende Regeln und Prinzipien für unseren Haushalt fest: Wie meine Mutter ließ auch ich die Kinder ihre Betten machen, sobald sie alt genug waren. Barack war es wichtig, den Mädchen schon früh die Freuden von Büchern nahezubringen, ganz wie seine Mutter es für ihn getan hatte.

Allerdings wurde uns schnell klar, dass die Erziehung kleiner Kinder dem gleichen Prinzip folgte, wie wir es schon in Bezug auf

Schwangerschaft und Geburt erlebt hatten: Man kann viel Zeit damit verbringen, sich die Zukunft auszumalen, sich vorzubereiten und ein reibungsloses Familienleben zu planen, aber letztlich muss man es nehmen, wie es kommt. Du kannst Systeme und Routinen etablieren, deine verschiedenen Schlaf-, Ernährungs- und Disziplin-Gurus konsultieren – die es in beeindruckender Vielfalt gibt –, doch irgendwann, eher früher als später, wirst du mit an Sicherheit grenzender Wahrscheinlichkeit an deine Grenzen kommen und erkennen, dass du trotz deiner guten Vorsätze die Lage nur marginal – und manchmal nur *sehr* marginal – unter Kontrolle hast. Du magst deinen eigenen Ozeandampfer über Jahre hinweg mit bewundernswerter Durchsetzungsfähigkeit gesteuert und besonders hygienische Sauberkeits- und Ordnungsstandards aufrechterhalten haben, aber jetzt musst du dich damit abfinden, dass sich winzige Pirat*innen an Bord geschlichen haben, die das Schiff, ob du es willst oder nicht, auseinandernehmen werden.

»Sosehr sie dich auch lieben, deine Kinder haben ihre ganz eigene Agenda. Sie sind Individuen und werden selbst aus ihren Erfahrungen lernen, ganz gleich, wie sorgfältig du vielleicht für sie planst. Sie werden die Brücke unseres Dampfers kapern, ihre Fingerabdrücke auf jeder möglichen Oberfläche hinterlassen und unabsichtlich alles Zerbrechliche kaputt machen, deine Geduld eingeschlossen.«

Meine Mädchen zeigten mir schon sehr früh, wie unterschiedlich sie waren und dass sie verschiedene Erziehungsstile benötigten: Malia war vorsichtig, sie bat uns oft um Rat und unsere Einschätzung, Sasha war dagegen temperamentvoll und brauchte mehr Unabhängigkeit. Vergleiche hier die Bedürfnisse und Persönlichkeiten deiner Kinder miteinander. Oder du kannst die Bedürfnisse und die Persönlichkeit, die du als Kind hattest, mit einem deiner Kinder, mit einem deiner Geschwister oder mit einem anderen Kind in deinem Leben vergleichen.

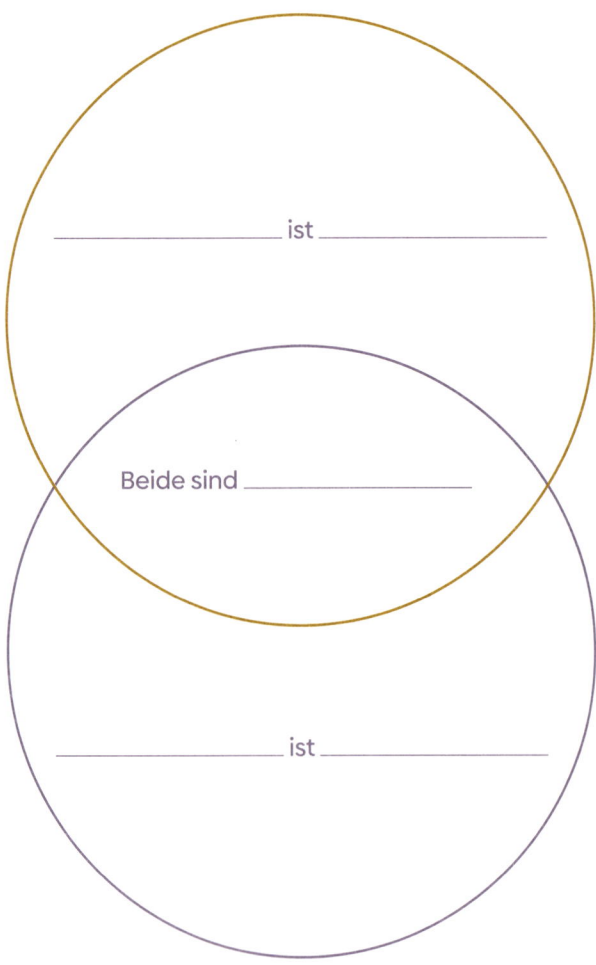

Falls du mit Geschwistern aufgewachsen bist: Haben deine Eltern ihre Erziehung euren jeweiligen Persönlichkeiten und Bedürfnissen angepasst? Berücksichtigst du die verschiedenen Temperamente der Kinder in deinem Leben, wenn du mit ihnen interagierst?

MEINE MUTTER LIESS meinem Bruder und mir nicht nur genug Raum, um als Individuen wahrgenommen zu werden, sie räumte uns auch früh ein gewisses Maß an Handlungsfreiheit ein.

Als ich mit fünf Jahren in die Vorschule kam, schenkten mir meine Eltern einen kleinen elektrischen Wecker. Meine Mutter brachte mir bei, wie ich ihn auf die richtige Zeit einstellen und den Alarm ausschalten konnte, wenn der Wecker klingelte. Dann half sie mir dabei, all die Dinge durchzugehen, die ich morgens zu erledigen hatte, und berechnete mit mir, wie viel Zeit ich bräuchte, um rechtzeitig fertig für die Schule zu sein. Sie unterwies mich, sie stattete mich mit dem richtigen Werkzeug aus, aber ich musste selbst herausfinden, wie ich es richtig einsetzen konnte.

Und ich liebte diesen Wecker über alles.

Ich liebte das, was er mir eröffnete: Kontrolle über mein eigenes kleines Leben. Wenn ich einmal verschlief oder morgens herumtrödelte, dann schimpfte meine Mutter weder mit mir, noch redete sie mir gut zu. Sie ließ mich machen und machte deutlich, dass ich größtenteils selbst über mein Leben bestimmte. »Hör mal, ich habe meine Ausbildung schon hinter mir«, pflegte sie zu sagen. »Ich war schon in der Schule. Hier geht es nicht um mich.«

Ich bin überzeugt, dass es ein Vertrauensbeweis ist, wenn wir unseren Kindern in überschaubarem Maße Verantwortung übertragen. Damit schenkst du ihnen die Möglichkeit, entweder den Erwartungen, die du an sie stellst, gerecht zu werden oder in einer sicheren Umgebung etwas über Konsequenzen zu lernen.

Warst du als Kind zu Hause für bestimmte Haushaltsaufgaben zuständig, oder trugst du Verantwortung für etwas?

Welche Aufgaben oder welche Verantwortung überträgst du deinen eigenen Kindern? (Wenn sie dafür noch zu klein sind oder du keine Kinder hast: Was würdest du einem Kind übertragen, und wie alt sollte es dabei sein?)

Konntest du (oder eines deiner Kinder) jemals einer Erwartung oder Verantwortung nicht gerecht werden? Was waren die Konsequenzen, und was haben du oder dein Kind daraus gelernt?

DER WECKER IST ein gutes Beispiel für die sehr bewussten Bemühungen meiner Eltern, uns Kindern beizubringen, auf eigenen Beinen zu stehen, nicht nur körperlich, sondern auch emotional. Vom Tag unserer Geburt an verfolgte meine Mutter nur ein Ziel: Sie wollte für unser Leben mehr oder weniger obsolet werden.

Bedenkt man, dass ich gerade beschrieben habe, wie sehr ich die beruhigende Präsenz meiner Mutter immer wieder gebraucht habe, wird wohl recht deutlich, dass sie ihr Ziel nie ganz erreicht hat – was nicht daran liegt, dass sie es nicht versucht hätte.

Meine Mutter machte keinen Hehl aus ihrem Plan. Besonders in den praktischen Alltagsverrichtungen war es ihr Ziel, für uns so schnell es nur ging möglichst überflüssig zu werden. Je früher sie den Eindruck gewann, von uns nicht mehr gebraucht zu werden, desto erfolgreicher fühlte sie sich als Elternteil. Sie meinte immer: »Ich ziehe keine Babys auf, ich ziehe euch zu Erwachsenen heran.«

Das mag in Zeiten der Helikopter-Elternschaft skandalös erscheinen, aber ich bin mir ziemlich sicher, dass die meisten Entscheidungen meiner Mutter von einer grundlegenden Frage ausgingen: *Was ist das Mindeste, was ich gerade für sie tun kann?*

Diese Überlegung war weder nachlässig noch selbstsüchtig, sondern äußerst umsichtig. Bei uns zu Hause stand Eigenständigkeit über allem. Meine Eltern waren sich ihres begrenzten Budgets – an Geld, Platz, Privilegien und im Falle der Gesundheit meines Vaters Energie und Lebenszeit – bewusst, weshalb sie in allen Lebensbereichen ökonomisch vorgingen.

Meine Mutter war der Meinung, ihre Hände würden unseren nur im Weg sein. Wenn wir etwas nicht konnten, zeigte sie uns, wie es ging, und ließ uns dann übernehmen. Vieles davon machten wir nicht perfekt, aber entscheidend war, dass wir es taten. Niemand nahm es uns ab. Meine Mutter korrigierte uns nicht oder kritisierte die Art, wie wir etwas erledigten, selbst wenn wir anders vorgingen, als sie es getan hätte. Ich glaube, an dieser Stelle fühlte ich mich zum ersten Mal mächtig. »Für Kinder ist es einfacher, Fehler zu machen, wenn sie noch klein sind«, erklärte mir meine Mutter, als ich sie danach fragte. »Lass sie Fehler machen. Und dann darfst du aber auch keine allzu große Sache daraus machen, denn wenn du das tust, versuchen sie es nicht noch einmal.«

Sie sah zu, wie wir uns abmühten und Fehler machten – bei unseren Hausaufgaben, den Arbeiten im Haushalt und auch bei unseren Beziehungen mit verschiedenen Lehrer*innen, Trainer*innen und Freund*innen. Meine Mutter wachte still über das, was in unserem Leben passierte, sie bot nicht gleich an, unsere Kämpfe für uns auszutragen. Vieles, was wir so lernten, war sozialer Natur. Wir entwickelten Fähigkeiten, die uns halfen, herauszufinden, mit welchen Menschen wir uns umgeben wollten, welche Stimmen wir an uns heranließen und weshalb.

Meine Mutter half mir dabei, meine eigenen Gefühle zu sondieren und mit ihnen umzugehen. Das geschah im Wesentlichen, indem sie mir einfach Raum ließ und darauf achtete, meine Gefühle nicht mit ihren eigenen Gefühlen und Ansichten zu ersticken. Immer wenn ich ihr mein Herz über ein Problem mit einer*m Lehrer*in oder Freund*in ausschüttete, hörte mir meine Mutter zu und stellte mir dann eine einfache Frage, die völlig ernst gemeint und gleichzeitig auch ein kleines bisschen suggestiv war: »Möchtest du, dass ich das für dich regele?«

Über die Jahre hinweg gab es ein paar Situationen, in denen ich wirklich die Hilfe meiner Mutter benötigte und sie auch bekam. Doch in neunundneunzig Prozent der Fälle musste sie nichts für mich regeln. Allein indem sie mir diese Frage stellte und mir die Möglichkeit gab, darauf zu antworten, brachte sie mich auf subtile Weise dazu, mich in meinem Kopf mit der Situation auseinanderzusetzen. Wie schlimm war es wirklich? Welche Lösungen gab es? Was konnte ich tun?

So wusste ich in der Regel schließlich, dass ich meiner eigenen Antwort vertrauen konnte, wenn ich erwiderte: »Ich denke, ich werde damit fertig.«

Wie unterstützt du in der Regel die Kinder in deinem Leben beim Lösen ihrer Probleme? Bist du ein*e geduldige*r Zuhörer*in und Echokammer oder ein*e Problemlöser*in? Wie entscheidest du, welche Strategie wann angebracht ist?

Denke darüber nach, inwiefern dir die Elternfiguren in deinem Leben bei einem Problem die Art von Unterstützung geliefert haben, die du wolltest oder benötigt hast. Wann war das vielleicht nicht der Fall? Wie hat dich das als Erwachsene*n oder Elternteil geprägt?

»Komm heim. Wir werden dich hier immer mögen.«

»KOMM HEIM. WIR werden dich hier immer mögen.« Meine Mutter sagte das mehr als nur einmal zu mir und Craig. Es war die Botschaft, die allen anderen vorausging. Das Zuhause war der Ort, an dem Freude und Wohlwollen auf einen warteten.

Ich weiß, wie glücklich ich mich schätzen kann. Als Kind durfte ich in Freude und Wohlwollen schwelgen, was mir bei meiner Entwicklung einen klaren Vorteil verschaffte. Da ich wusste, wie sich Freude und Wohlwollen anfühlten, konnte ich in die Welt hinausgehen und mir mehr davon suchen, in Freund*innen und Beziehungen und schließlich in einem Partner, der mein Leben sogar mit noch mehr davon füllen sollte – mit diesem Überfluss konnte ich schließlich auch meine Kinder mit Freude und Wohlwollen überschütten, in der Hoffnung, ihnen auf diese Weise das gleiche Hochgefühl mitgeben zu können.

Mir ist bewusst, wie kompliziert und weniger angenehm die Vorstellung von einem »Zuhause« für manche Menschen sein kann. Es kann für einen Ort, eine Gruppe Menschen oder eine Art emotionaler Erfahrung stehen, die du zu Recht hinter dir lassen möchtest. Zuhause kann genauso gut ein schmerzhafter Ort sein, an den du niemals zurückkehren möchtest. Und das ist in Ordnung.

In dem Wissen, wo du nicht hingehen willst, liegt Macht.

Und genauso kannst du Kraft daraus schöpfen, wenn du weißt, was du als Nächstes erreichen möchtest.

Meine wichtigste Frage, die ich dir mit auf den Weg geben möchte, ist also: Wie schaffen wir Orte voller Freude und Wohlwollen, an die wir immer wieder zurückkehren möchten?

Anstatt dir in diesem Kapitel einen Gewohnheitstracker an die Hand zu geben und damit zu riskieren, dass du dich nur an die vielen Aufgaben und Verpflichtungen erinnert fühlst, die zwischen Eltern und Kindern zu Disputen führen, gebe ich dir hier Platz. Du kannst die Seiten mit deiner ganz eigenen Vorstellung von einem sicheren und liebevollen Zuhause füllen. Es kann das Zuhause deiner Kindheit sein, eines, das du gerne gehabt hättest, oder das, was du für deine eigenen Kinder aufbauen möchtest. Male es, schreibe darüber – wie auch immer du es am besten einfangen kannst, hier ist Platz dafür.

IN BEZUG AUF die Herausforderungen der Mutterschaft und die damit verbundenen Ängste lieferte mir meine Mutter das bestmögliche Vorbild: Sie zeigte mir, dass nichts an ihrem Elternsein mit ihrem eigenen Selbstwert zusammenhing, sie tat nichts davon, um gut dazustehen. Sie meinte immer, es gehe nicht um sie. Schließlich versuchte sie ja, uns loszuwerden. Ihre Stimmung wurde also nicht von unseren Erfolgen diktiert. Ihr Glück hing nicht daran, ob wir mit Einsen auf unseren Zeugnissen heimkamen, ob Craig bei seinem Basketballspiel viele Körbe geworfen hatte oder ob ich in den Schüler*innenrat gewählt worden war. Wenn etwas Gutes passierte, freute sie sich für uns. Wenn es schlecht lief, half sie uns, damit umzugehen, bevor sie sich wieder ihren eigenen Aufgaben zuwandte. Das Wichtige war: Sie liebte uns, egal ob wir erfolgreich waren oder scheiterten. Immer wenn wir durch die Tür kamen, leuchtete ihr Gesicht voller Freude und Wohlwollen auf.

Meine Mutter brachte mir bei, dass es nicht um mich ging. Es ging um meine Kinder. Es war wichtig, dass ich ihnen liebevoll zur Seite stand, eine Struktur und ein liebevolles Zuhause bot, in das sie sich im Bedarfsfall zurückziehen konnten. Wenn ich sie ansonsten so sein ließ, wie sie waren, und ihnen die Gelegenheit gab, selbst herauszufinden, was sie im Leben wollten, würden die Kinder einen guten Weg gehen.

Deine beste
SEITE

EINE FRAGE STELLT man mir besonders oft: Was bedeutet eigentlich *going high*?

Auf dem Parteitag der Demokraten in Philadelphia verkündete ich 2016 erstmals: »When they go low, we go high« (Frei übersetzt: Wenn andere sich von ihrer schlechtesten Seite zeigen, zeigen wir uns von unserer besten). Ehrlich gesagt hatte ich keine Ahnung, dass die Wendung »we go high« die nächsten Jahre über so stark mit mir assoziiert werden würde.

Schließlich hatte ich einfach nur unser Familienmotto geteilt, ein praktischer Spruch, mit dem Barack und ich uns daran erinnerten, an unserer Integrität festzuhalten, wenn andere ihre verloren. »Going high« beschrieb unsere Entscheidung, uns immer wieder anzustrengen und mehr nachzudenken. Es war eine Vereinfachung all der Ideale, die uns mit der Zeit in Fleisch und Blut übergegangen waren: *Sage die Wahrheit, setze dich für andere ein, bewahre einen kühlen Kopf, bleibe stark.* Wir rufen es uns immer dann ins Gedächtnis, wenn man uns moralisch auf die Probe stellt.

Wie reagierst du, wenn andere sich von ihrer schlechtesten Seite zeigen? Manchmal fällt die Entscheidung leicht, und die Antwort scheint klar. Und manchmal sind die Umstände weniger eindeutig, und es fällt schwerer, das Richtige zu tun.

Ich komme erst jetzt auf diesen Punkt zu sprechen, weil du all die anderen Werkzeuge, die du dir bisher erarbeitet hast, benötigen wirst, um das umzusetzen. Wenn du in Situationen kommst, in denen du deine Ideale hochhalten musst, wird dir das wesentlich leichter fallen, wenn du dir deiner eigenen kleinen Kraft bewusst bist, stabile Freundschaften und Beziehungen um dich herum aufgebaut hast, dich deinen Ängsten stellen kannst und dir außerdem deiner gesamten Geschichte bewusst bist. Denn es ist harte Arbeit, sich nicht auf das Niveau der anderen herabzulassen. Oft ist diese Arbeit ermüdend, lästig und schmerzhaft. Du musst Mauern zwischen dir und denen aufbauen, die dich scheitern sehen wollen. Und du musst auch dann noch weitermachen, wenn andere um dich herum müde oder zynisch geworden sind und aufgegeben haben.

Wie halten wir uns inmitten eines Sturms aufrecht, der nicht nachlässt? Wie finden wir unsere innere Stabilität, wenn die Situation um uns herum unsicher bleibt und uns immer wieder der Boden unter den Füßen weggerissen wird?

Ich denke, es beginnt damit, dass wir uns inmitten des stetigen Wandels Handlungsmacht und Sinn bewahren; wenn wir uns ins Gedächtnis rufen, dass die Kraft des Kleinen von Bedeutung ist.

Wählen zu gehen, ist wichtig. Einer*m Nachbar*in zu helfen, ist wichtig. Deine Zeit und Energie einer Sache zu widmen, die dir etwas bedeutet, ist wichtig. Den Mund aufzumachen, wenn du siehst, wie eine Person oder eine Gruppe verleumdet und entmenschlicht wird, ist wichtig. Einem anderen Menschen Freude und Wohlwollen entgegenzubringen, sei es dein Kind oder ein*e Kolleg*in, ist wichtig. Deine kleinen Handlungen können dich daran erinnern, dass auch du wichtig bist.

Wenn man mich also fragt, was ich unter »going high« verstehe, antworte ich: Es geht darum, alles dafür zu tun, dass deine Arbeit zählt und deine Stimme gehört wird, allen Widrigkeiten zum Trotz. Und das funktioniert am besten, wenn du bereit bist und mit deinem ganzen Werkzeugarsenal vertraut.

Hier geht es auch nicht nur darum, was an einem einzigen Tag oder in einem Monat oder einer Wahlperiode passiert. Man zeigt sich sein ganzes Leben lang von seiner besten Seite, über eine ganze Generation hinweg. Es hat eine Vorbildfunktion, du verpflichtest dich dazu, deinen Kindern, Freund*innen, Kolleg*innen und deiner Gemeinschaft zu zeigen, wie man sein Leben mit Liebe und Anstand lebt. Denn schlussendlich habe ich folgende Erfahrung gemacht: Was du anderen entgegenbringst – sei es nun Hoffnung oder Hass –, wird weiterwachsen.

Falls du »When they go low, we go high« schon einmal gehört hast, was dachtest du, was es bedeutet? Hat sich deine Vorstellung von »going high« in den letzten Jahren oder nachdem du diesen Abschnitt gelesen hast, geändert?

Denke an Situationen, die eine starke emotionale Reaktion bei dir ausgelöst haben. Vielleicht hättest du beinahe ungehalten reagiert oder dich im Ton vergriffen. Wie auch immer deine Reaktion aussah, beschreibe jede Situation kurz und überlege dir dann zwei mögliche Antworten, eine, bei der du dich von deiner besten, und eine, bei der du dich von deiner schlechtesten Seite zeigst:

SITUATION		
»SCHLECHTESTE« ANTWORT		
»BESTE« ANTWORT		

Denke noch genauer über eine der Situationen auf Seite 180 und 181 nach – wie hast du reagiert, impulsiv oder überlegt? In welche Schublade hast du bei deinem Verhalten gegriffen? Wie wäre die Situation verlaufen, wenn du dich für die jeweils andere Reaktion entschieden hättest?

WENN ICH MICH *von meiner besten Seite zeigen möchte, nehme ich mir in der Regel einen Moment Zeit. Damit übe ich Selbstkontrolle, ich ziehe eine Grenze zwischen meinen guten und meinen schlechten Impulsen. Ich nehme eine Reaktion und lasse sie zu einer Antwort heranreifen. Wenn du dich mit einer Situation konfrontiert siehst, die starke Gefühle in dir auslöst, nimmst du dir dann einen Moment Zeit oder reagierst sofort?*

Liste einige Handlungen oder Gewohnheiten auf, die dir dabei helfen könnten, einen Moment innezuhalten, bevor du reagierst – was kannst du tun, anstatt direkt zu reagieren?

»Zeigen wir uns von unserer besten Seite, dann ziehen wir eine Linie in den Sand, wir schaffen eine sichtbare Grenze und nehmen uns dann einen Moment Zeit zum Nachdenken. Auf welcher Seite möchte ich stehen? Es ermahnt uns, innezuhalten und nachzudenken, eine Aufforderung, für eine Antwort Herz und Kopf heranzuziehen.«

Male deine eigenen Grenzen – zeichne etwas, das beide Seiten einer Sache zeigt, die »gute« (auf der du dich befinden möchtest) und die »schlechte«:

DIE MENSCHEN FRAGEN sich zu Recht: *Weshalb müssen wir immer die Vernünftigen sein?*

Mit jeder neuen Ungerechtigkeit, Brutalität, jedem Korruptionsvorfall, jeder Menschen- oder Bürgerrechtsverletzung erreichen mich neue Nachrichten, die diese Frage erneut stellen.

Sollen wir uns immer noch von unserer besten Seite zeigen? Okay, und jetzt?

Meine Antwort lautet: Ja. Immer noch Ja. Wir müssen weitermachen. Wir müssen immer wieder neu an dieser Idee festhalten. Mit Integrität zu handeln, ist wichtig. Es wird immer wichtig bleiben. Es ist ein Werkzeug.

Dich von deiner besten Seite zu zeigen, ist etwas, das du tust, weniger etwas, das du fühlst. Es ist keine Aufforderung, dich selbstzufrieden zurückzulehnen und auf einen Wandel zu warten oder tatenlos dem Kampf der anderen zuzusehen. Es geht nicht darum, Unterdrückung zu akzeptieren oder Grausamkeit oder Machtmissbrauch zuzulassen. Der Gedanke hinter »going high« ist nicht, *ob* wir verpflichtet sind, uns für mehr Fairness, Anstand und Gerechtigkeit in der Welt einzusetzen; vielmehr geht es dabei darum, *wie* wir kämpfen, *wie* wir die Probleme lösen, die sich uns in den Weg stellen, und *wie* wir lange genug durchhalten können, um etwas zu bewirken, ohne uns dabei bis ins Letzte zu verausgaben. Manche sehen das als unfairen und wirkungslosen Kompromiss, als Erweiterung von Respectability Politics, einer Politik der Anpassung, im Zuge derer wir uns eher den herrschenden Regeln anpassen, um über die Runden zu kommen.

Ich kann verstehen, wie einige zu dem Schluss kommen können, dass Vernunft dem Zorn keinen Raum lässt.

Ich verstehe, wie der Eindruck entstehen kann, dass man sich, wenn man sich von seiner besten Seite zeigt, irgendwie herausnimmt und von all dem unberührt bleibt, was einen eigentlich maßlos ärgern und provozieren sollte. Doch ich habe im Laufe meines Lebens die Erfahrung gemacht, dass meine wahre Kraft nicht in meinem Schmerz oder Zorn liegt, jedenfalls nicht in ihrer rohen, ungefilterten Form. Meine Macht besteht in dem, was ich mit meinem Schmerz und Zorn bewirken kann. Meine Kraft hängt davon ab, ob ich diese unmittelbaren Gefühle in etwas transformieren kann, das andere weniger leicht abtun können, etwas, das eine klare Botschaft vermittelt, in einen Aufruf und in ein Ergebnis, auf das ich hinarbeiten will.

Das meine ich, wenn ich davon spreche, mich von meiner besten Seite zeigen zu wollen. Es geht darum, ein abstraktes und in der Regel unschönes Gefühl zu nehmen und daran zu arbeiten, es in einen umsetzbaren Plan zu übersetzen.

Ich möchte klarstellen, dass dieser Prozess nicht immer schnell vonstattengeht. Er verlangt Zeit und Geduld. Es ist vollkommen in Ordnung, eine Weile in diesen Gefühlen zu verharren, die Erschütterung zu spüren, die Ungerechtigkeit oder Angst oder Trauer mit sich bringen, oder seinem Schmerz Ausdruck zu verleihen. Es ist in Ordnung, wenn du dir selbst Raum gibst, um dich zu erholen und zu heilen. Denn: Gefühle sind keine Pläne. Sie lösen keine Probleme oder merzen Ungerechtigkeiten aus. Du kannst sie fühlen – das wirst du unweigerlich tun –, aber sei vorsichtig, wenn du dich von ihnen leiten lässt. Zorn kann dir die Sicht trüben. Schmerz ist wie ein kaputtes Lenkrad. Enttäuschung wird nur missmutig auf dem Rücksitz mitfahren. Wenn du mit diesen Gefühlen nichts Konstruktives anfängst, werden sie dich in einen Graben lenken.

Meine Kraft speiste sich immer aus meiner Fähigkeit, mich von diesem Graben fernzuhalten.

Wie bereits gesagt: Gefühle sind keine Pläne. Aber deine Gefühle können dir, wenn du sie reflektierst, zeigen, wie deine Pläne aussehen sollten. Denke an Situationen, auf die du stark emotional reagiert hast. Welches Gefühl hast du empfunden, und worauf könnte es dich hinweisen?

Gefühl 1

Ich plane, auf dieses Gefühl zu reagieren, indem ich:

Gefühl 2

Ich plane, auf dieses Gefühl zu reagieren, indem ich:

Gefühl 3

Ich plane, auf dieses Gefühl zu reagieren, indem ich:

Gefühl 4

Ich plane, auf dieses Gefühl zu reagieren, indem ich:

DIESER TAGE ERSCHEINT Selbstgefälligkeit oft im Gewand der Bequemlichkeit: Wir klicken auf »like« oder reposten etwas und klopfen uns dann auf die Schulter, weil wir aktiv geworden sind, oder sehen uns als Aktivist*innen, weil wir uns drei Sekunden lang für etwas eingesetzt haben. Wir haben uns daran gewöhnt, eine Menge Lärm zu machen und uns dann dafür zu beglückwünschen, aber manchmal vergessen wir dabei, die eigentliche Arbeit zu leisten. Wenn du drei Sekunden investierst, hinterlässt du vielleicht einen Eindruck, einen Wandel stößt du damit nicht an.

Reagieren oder antworten wir? Diese Frage stelle ich mir jedes Mal, bevor ich etwas in den sozialen Medien poste oder öffentlich kommentiere. Bin ich impulsiv? Habe ich meine Gefühle an etwas Konkretes gebunden, das sich umsetzen lässt, oder werde ich nur von ihnen bestimmt? Bin ich bereit, die Arbeit zu investieren, die für einen Wandel sorgen wird?

Das Problem mit jedem Motto ist, dass man es sich zwar einfach merken und wiederholen (oder auf Kaffeetassen, T-Shirts, Jutebeutel, Caps, Wasserflaschen, Kettenanhänger oder Wandtattoos drucken) kann, es sich aber wesentlich schwerer in die eigenen täglichen Routinen übernehmen lässt.

»Kümmere dich nicht um die kleinen Dinge?« »Bleib ruhig und mach weiter?«

Klar, ja, da stimme ich zu. Aber jetzt sagt mir doch bitte, *wie*.

Oft können wir nur mit vereinten Kräften und internationalen Absprachen über den ersten Moment der Inspiration oder des Engagements hinauskommen und langfristig etwas ändern.

Hast du das, was ich auf der vorigen Seite beschrieben habe, auch schon einmal gemacht? Hast du beispielsweise deine Ansichten in den sozialen Medien geteilt, ohne ihnen Taten folgen zu lassen? Falls ja, nimm dir hier etwas Zeit und schreibe auf, wie du über diesen unterstützenden Standpunkt hinauskommen und deine Überzeugungen in einen aktiven Plan umsetzen kannst.

EINE SACHE, DIE mich immer zum Kochen brachte, war, wenn man mich in den Medien hasserfüllt als nichts weiter als eine »wütende Schwarze Frau« abtat. Besonders während Baracks erster Präsidentschaftswahlkampagne wurde dieses bösartige Bild stark verbreitet. Glaubte man dem rechten Flügel auch nur ansatzweise, dann war ich ein regelrechtes Feuer speiendes Monster. Ihnen zufolge lief ich die ganze Zeit mit gerunzelter Stirn umher und schäumte unablässig vor Wut.

Leider deckte sich dies mit einer allgemeineren, fest verwurzelten Wahrnehmung, die Wissenschaftler*innen in Arbeitsplatzstudien aufgedeckt haben: Zeigt eine Schwarze Frau auch nur das kleinste Anzeichen von Ärger, schreiben Menschen das eher ihrem Charakter zu, als dass sie es auf einen ärgerlichen Umstand zurückführen.[3] Natürlich kann man sie so einfacher marginalisieren und ihre Ansichten abtun. Alles, was du tust – jedes Aktivwerden –, kann man dir als Grenzüberschreitung vorwerfen. Man kann dich sogar als jemanden abtun, der schlichtweg immer aus dem Rahmen fällt. Aller Kontext verschwindet, wenn man dir den Stempel aufdrückt: *Wütende Schwarze Frau! Genau das bist du!*

Wenn dir ein Stempel wie »wütende Schwarze Frau« oder irgendein anderes Stereotyp aufgedrückt wird, kann es dir beinahe unmöglich erscheinen, deine Integrität hochzuhalten, schließlich haben dir die Menschen, die dich auf dem Kicker haben, schon gezeigt, in welche untersten Schubladen sie zu greifen bereit sind. Solche Beleidigungen sind schnelle und effektive Abwertungen, ein codiertes Vorurteil, das andere warnt, Abstand zu halten, sich ängstlich zurückzuziehen und ihre Investitionen anderswo zu tätigen. Sie übersehen deine Reichtümer, deine Strahlkraft, deine Einzigartigkeit und dein Potenzial und verbannen dich stattdessen an die Außenränder. Und was passiert, wenn es dich zornig macht, am Rand festzustecken? Nun, dann bestätigt dein Verhalten das Stereotyp nur noch, was dich noch weiter abdrängt und das, was du vielleicht dazu zu sagen hättest, zusätzlich delegitimiert. Dir wird deine Stimme weggenommen, niemand hört dir zu, und du lebst die Fehler aus, die dir jemand anders zugeschrieben hat.

Es fühlt sich schrecklich an. Und ich kenne dieses Gefühl.

Natürlich stimmte keine der negativen Schlagzeilen. Hätte ich zornig sein dürfen, dass man mich darstellte, als ob ich ständig total sauer war? Auf jeden Fall, doch was hätte es genützt? Wie viel Einfluss hätte ich damit je gewinnen können?

Stattdessen musste ich mich von meiner besten Seite zeigen.

Denke an das schlimmste Stereotyp oder eine besonders verletzende Beleidigung, die man dir an den Kopf geworfen hat. Stelle dir nun stattdessen ein schöneres Bild vor: Gibt es eine positive Seite, die andere an dir wahrnehmen sollen oder für die du bekannt sein möchtest? Male oder beschreibe sie hier.

»Unser Zorn ist oft berechtigt, genau wie unsere Verzweiflung. Doch die Frage ist: Wie setzen wir ihn ein?

Können wir
mit ihm unsere
Disziplin befeuern,
um so etwas
Dauerhafteres
hervorzubringen
als Lärm?«

FÜR MICH KANN SCHREIBEN *ein unglaublich wertvolles Werkzeug sein, wenn es darum geht, mich von meiner besten Seite zu zeigen. Mit diesem Mittel kann ich meine Gefühle verarbeiten und ihnen eine nützliche Form geben.*

Dinge aufzuschreiben oder sie einem*r vertrauensvollen Zuhörer*in zu erzählen, hat mich immer dazu gebracht, meine Ideen in einem neuen Licht zu betrachten. Beim Schreiben kann ich meinen Zorn und meine Sorgen entwirren und allgemeiner über sie nachdenken. Ich kann das Produktive vom Unproduktiven trennen und so bei einer höheren Wahrheit für mich ankommen. Ich habe festgestellt, dass meine ursprünglichen Überlegungen selten besonders wertvoll sind; sie sind schlicht und einfach mein Ausgangspunkt. Steht erst einmal alles auf einem Blatt Papier, beginnt das Überarbeiten, Ausbessern und Überdenken, womit ich schließlich auf ein wirkliches Ziel hinarbeite. Mein Schreibprozess ist zu einem der wichtigsten Werkzeuge in meinem Leben geworden.

Probiere es selbst aus: Nutze den Platz auf dieser und der nächsten Seite und schreibe über etwas, über das du dir noch nicht ganz im Klaren bist. Das kann ein Gefühl sein oder ein Plan oder irgendeine andere Sache, bei der etwas mehr Klarheit nützlich sein könnte.

ICH KANN DIR nicht versprechen, dass meine Werkzeuge für dich funktionieren werden, und selbst wenn das der Fall ist, werden nicht all deine Probleme einfach so verschwinden. Was ich dir garantieren kann, ist, dass es immer Ungewissheit geben wird. Wir werden uns weiterhin manchmal schwertun, mit Ängsten ringen oder nach dem Gefühl von Kontrolle suchen. Vielleicht finden wir in dem historischen Moment, in dem wir leben, auch nie so richtig unseren Platz. Entwickeln sich die Dinge gerade zum Guten oder zum Schlechten? Für wen? Und wie lässt sich das überhaupt feststellen? Ein guter Tag für dich könnte einen schrecklichen Tag für deinen Nachbarn bedeuten. Eine Nation mag gedeihen, während eine andere leidet. Freude und Schmerz liegen oft nah beieinander; sie vermischen sich. Die meisten unter uns leben im Dazwischen, wobei wir dem tiefsten menschlichen Impuls überhaupt folgen: Wir geben die Hoffnung nicht auf. *Gib nicht auf*, rufen wir einander zu. *Arbeite weiter*.

Auch das ist wichtig.

Eines Tages werden wir uns an die jetzige Zeit zurückerinnern. Wir werden von einem anderen historischen Standpunkt aus auf sie zurückblicken, unter anderen zukünftigen Umständen, die wir uns heute kaum vorstellen können. Ich frage mich, was wir wohl über diese Zeit denken werden, was wird uns vertraut vorkommen und was veraltet. Wessen Geschichten wird man erzählen? Was werden wir verändert haben? Was werden wir vergessen und was bewahrt haben?

Es kann schwerfallen, über hoffnungsvolle Ideen zu sprechen – Dinge wie Wiedergutmachung, Wiederaufbau und Neuerfindung. Das hängt teilweise mit alledem zusammen, was uns in den letzten Jahren ängstlich und traurig gemacht hat, mit all den handfesten und konkreten Arten, auf die wir gelitten haben. Daran gemessen, können sich solche Ideen sehr abstrakt anfühlen. Doch Fortschritt erfordert Kreativität und Vorstellungskraft. Das war schon immer so. Genialität entspringt unerschrockener Kühnheit. Bevor wir auch nur damit beginnen können, einen Plan umzusetzen, müssen wir in der Lage sein, uns eine mögliche Zukunft vorzustellen. Wir müssen das, was noch nicht Wirklichkeit geworden ist, die Welt, in der wir leben möchten, aus dem Unbekannten heraufbeschwören.

Wir können nicht mit Sicherheit wissen, was die Zukunft für uns bereithält, doch meiner Meinung nach ist es wichtig, uns daran zu erinnern, dass wir angesichts unserer Sorgen nicht hilflos sind. Wir sind imstande, einen bewussten Wandel herbeizuführen, einen Wandel, der auf die Entwicklungen antwortet, statt lediglich auf sie zu reagieren. Wir können unsere Arbeit von Hoffnung statt von Angst leiten lassen und dabei Vernunft und Zorn zusammenbringen. Doch dafür müssen wir unseren Sinn für das Mögliche immer wieder erneuern.

In meiner Zeit als First Lady fühlte ich manchmal, wie mein Stresslevel stieg oder mein Zynismus sich zu Wort meldete. Immer wenn das der Fall war, besuchte ich bewusst eine Schule oder lud eine Gruppe Kinder in das Weiße Haus ein. Das rückte die Dinge für mich immer in Perspektive und half mir dabei, mir mein Ziel wieder klar vor Augen zu führen. Kinder erinnern mich immer daran, dass wir alle mit Liebe im Herzen und ohne Vorurteile auf die Welt kommen, frei von Hass. Sie sind der Grund, weswegen wir anderen uns ein dickes Fell zulegen und versuchen, den Weg frei zu machen. Was tust du, wenn du dich schlecht oder hoffnungslos fühlst und du dich an das Gute im Leben erinnern möchtest? Welche Menschen oder Erfahrungen kommen dir in den Sinn?

Als Schwarze First Lady war ich ein »Einzelfall«. Ich musste also der Welt helfen, sich auf mich einzustellen, während ich mich selbst an meine Rolle gewöhnen und in sie hineinwachsen musste. Dennoch war es stets mein Ziel, diese wichtige Arbeit mit Freude zu leisten. Ich wollte den Menschen zeigen, was passiert, wenn man sich von seiner besten Seite zeigt. In welchem Bereich deines Lebens könntest du wichtige Arbeit mit Freude leisten? Auf welche Weise lässt du vielleicht schon jetzt Freude in deine Arbeit einfließen?

Beim Sich-von-seiner-besten-Seite-Zeigen dreht sich alles darum, das Gift draußen und die Kraft drinnen zu halten. Dafür stehen dir eine Reihe begrenzter, aber erneuerbarer Ressourcen zur Verfügung, weswegen du gut mit deiner Energie haushalten und dir über deine Überzeugungen im Klaren sein musst. Im Laufe unseres Lebens füllen und leeren wir die eigenen Taschen immer wieder. Wir verdienen, sparen und geben aus.

Verdienst

Was bringt dir Energie?

Sparen — *Wie sparst du dir deine Zeit und Energie auf?*

Kosten — *Wofür entschließt du dich, deine begrenzte Zeit und Energie auszugeben?*

GEWOHNHEITSTRACKER | In vielerlei Hinsicht geht es beim Sich-von-seiner-besten-Seite-Zeigen um Gewohnheiten – oder es wird zumindest durch sie angetrieben. Wiederholtes und stetiges bedeutungsvolles Handeln ist der sicherste Weg hin zu einem wichtigen und noblen Ziel. Und wenn du die dafür notwendigen Schritte immer

1	Ich habe vor einer Antwort kurz innegehalten, um mich von meiner besten Seite zu zeigen:	○○○○○○○○
2	Ich habe mir ein Gefühl bewusst gemacht, statt impulsiv darauf zu reagieren:	○○○○○○○○
3	Ich habe mir durch Schreiben meine Gedanken und Ziele vergegenwärtigt:	○○○○○○○○
4	Ich habe mir Zeit genommen, um mich zu erholen und meine Batterien aufzuladen:	○○○○○○○○
5		○○○○○○○○
6		○○○○○○○○
7		○○○○○○○○
8		○○○○○○○○
9		○○○○○○○○
10		○○○○○○○○
11		○○○○○○○○
12		○○○○○○○○

wieder gehst, wird dich das weit bringen. Ich habe dir einige Werkzeuge an die Hand gegeben, die dir auf deinem Weg Halt geben sollen. Ergänze hier außerdem deine ganz eigenen Gewohnheiten, die dir beim Erreichen deiner größeren Ziele helfen werden.

EINE BESTIMMTE ART von Frage wird mir immer wieder vor allem von jungen Menschen gestellt, die motiviert und ungeduldig zugleich sind, weil sie den Status quo satthaben. Es ist eine Frage, die den Kern von Aktivismus, Widerstand und Wandel im Allgemeinen betrifft: Wie viel behalten wir bei, und wie viel lehnen wir ab? Reißen wir unsere bestehenden Systeme nieder, oder üben wir uns in Geduld und versuchen, sie von innen zu reformieren? Üben wir mehr Einfluss, wenn wir uns von den Rändern oder aus dem Mainstream heraus für Wandel einsetzen? Wie sieht wahre Kühnheit aus? Wann wird zivilisierter Umgang zur Ausrede für Untätigkeit?

Das sind keine neuen Fragen. Die Debatte an sich ist nicht neu. Sie wird von jeder Generation wiederentdeckt. Und es gibt keine einfachen Antworten. Gerade deshalb hört die Debatte nie auf, bleiben die Fragen offen, und deshalb wenden sich deine Kinder und Enkel – wenn du Glück hast – irgendwann an dich. Sie werden voller Leidenschaft sein, frustriert, ungeduldig und kampfbereit; sie werden über eben die Grenzen nachsinnen, die du versucht hast, für sie zu weiten; sie werden all die Fragen noch einmal stellen.

Wie steht es also um unsere beste Seite? Können wir immer noch versuchen, sie zu zeigen? *Sollten* wir das? Funktioniert das überhaupt angesichts all dessen, was an unserer Welt derzeit trostlos, unerbittlich, qualvoll und empörend ist? Inwiefern hilft uns Integrität in schweren Zeiten weiter?

Ich höre all diese rohen Gefühle, die in diesen Fragen mitschwingen – den Zorn, die Enttäuschung, den Schmerz und die Panik, die so viele unter uns verständlicherweise empfinden. Bedenke jedoch, wie schnell sie uns in den Graben befördern können.

Was ich dir sagen will, woran ich dich immer erinnern möchte, ist Folgendes: »Going high« ist eine Verpflichtung zum Weitermachen – und zwar keine besonders glamouröse. Es funktioniert nur, wenn wir die nötige Arbeit investieren.

Ein Motto bleibt leer, wenn wir es nur wiederholen und auf Dinge drucken, die man auf Etsy verkaufen kann. Wir müssen es verkörpern, uns ihm verschreiben – wir können auch unsere Frustration und unseren Schmerz in es hineinfließen lassen. Was ich sagen möchte, ist: Bleibe energiegeladen und zuversichtlich, bescheiden und mitfühlend. Sage die Wahrheit, tue anderen Gutes, behalte das Wichtige im Blick, verstehe Geschichte und Kontext. Bleibe besonnen, bleibe stark und bleibe zornig.

Aber vergiss vor allem nicht, die Arbeit weiterzuführen.

Ich werde die Frage, ob es wichtig ist, sich von seiner besten Seite zu zeigen, weiterhin immer wieder beantworten. Und ich werde bei meiner Antwort bleiben.

Ja, es ist immer ein Ja.

ANMERKUNGEN

1 Clayton R. Cook et al., "Positive Greetings at the Door: Evaluation of a Low-Cost, High-Yield Proactive Classroom Management Strategy," *Journal of Positive Behavior Interventions* 20, no. 3 (2018): 149-59, doi.org/10.1177/1098300717753831.

2 Daniel A. Cox, "The State of American Friendship: Change, Challenges, and Loss," June 8, 2021, Survey Center on American Life, www.americansurveycenter.org/research/the-state-of-american-friendship-change-challenges-and-loss/.

3 Daphna Motro et al., "Race and Reactions to Women's Expressions of Anger at Work: Examining the Effects of the 'Angry Black Woman' Stereotype," Journal of Applied Psychology 107, no. 1 (2021): 142-52, doi.org/10.1037/apl10000884.